📖 주제

· 마음   · 대화   · 공감   · 배려

📖 활용 학년 및 교과 연계

| 초등과정 | 1-1 통합 | 1. 내 이웃 이야기 |
| --- | --- | --- |
| | 2-1 국어 | 8. 마음을 짐작해요 |
| | 2-2 국어 | 11. 상상의 날개를 펴요 |
| | 3-2 국어 | 6. 마음을 담아 글을 써요 |
| | 3학년 도덕 | 우리가 만드는 도덕 수업<br>1. 서로 돕는 우리, 함께 자라는 꿈 |
| | 4-1 국어 | 3. 느낌을 살려 말해요 |
| | | 10. 인물의 마음을 알아봐요 |
| | 4-2 사회 | 3. 사회 변화와 문화의 다양성 |

# 양 떼 마을로 간 괴팍한 토끼

초등 첫 인문철학왕
## 양 떼 마을로 간 괴팍한 토끼

**초판 1쇄 발행** 2023년 3월 30일

**글쓴이** 조남철 | **그린이** 정기현 | **해설** 강재린
**기획편집** 이정희 | **편집** 박주원
**디자인** 문지현 | **생각 실험 디자인** 이유리

**펴낸이** 이경민 | **펴낸곳** ㈜동아엠앤비
**출판등록** 2014년 3월 28일(제25100-2014-000025호)
**주소** (03972) 서울특별시 마포구 월드컵북로22길 21, 2층
**전화** (편집) 02-392-6901 (마케팅) 02-392-6900 | **팩스** 02-392-6902
**홈페이지** www.moongchibooks.com | **전자우편** damnb0401@naver.com | **SNS** 🅕 🅞 🅑
**ISBN** 979-11-6363-590-1(74100)

※ 잘못된 책은 구입한 곳에서 바꿔 드립니다.
※ 이 책에 실린 사진은 셔터스톡, 위키피디아, 게티이미지뱅크(코리아)에서 제공받았습니다. 그 밖의 제공처는 별도 표기했습니다.

도서출판 뭉치는 ㈜동아엠앤비의 어린이 출판 브랜드로, 아이들의 지식을 단단하게 만들어 주고,
아이들의 창의력과 사고력을 키워 주어 우리 자녀들이 융합형 사고뭉치와 창의뭉치로
성장할 수 있도록 좋은 책을 만들겠습니다.

## '질문'의 힘! '생각'의 힘!
## '미래 인재'로 가는 힘!

어린이와 학부모님들께 《초등 첫 인문철학왕》을 추천할 수 있어서 매우 기쁩니다. 어린이들이 이 시리즈를 통해 '나'에 대해, 나와 공동체 사이의 소통에 대해, 세상의 이치와 진리에 대해 마음껏 질문하고 생각하기를 바라기 때문입니다. 그렇게 되면 창의적으로 문제를 해결하는 힘 또한 커질 수 있다고 믿기 때문이지요.

'제4차 산업혁명의 시대'라는 말처럼 우리는 모든 것이 혁신적으로 변화하는 시대에 살고 있습니다. 스마트폰, 인공 지능, 첨단 로봇 등 새로운 기술과 지식이 나오는 속도도 이전과 비교할 수 없을 정도로 빨라졌지요. 세상에 넘쳐나는 지식과 정보는 이제 누구나 쉽게 구할 수 있고, 개인의 두뇌에 담아낼 수 있는 용량을 넘어선 지 오래입니다. 결국 이 시대의 아이들에게 필요한 것은 지식보다는 그 지식을 다루는 지혜와 창의성 아닐까요?

7차 교육과정 개정 이후 학교 교육도 이러한 시대 흐름에 맞추어 미래 사회가 요구하는 인문학적 상상력과 과학기술 창조력을 두루 갖춘 창의융합형 인재를 양성하는 것을 목표로 합니다.

'철학'은 '지혜를 사랑하는'이란 뜻을 가진 말입니다. 이 학문은 여러분처럼 모든 것에 호기심 많았던 철학자들로부터 시작됩니다. 아주 오래전부터 인간, 사회, 자연, 우주, 진리 등 다양한 분야에서 다른 사람들보다 더 깊이, 더 많이, 그리고 아주 끈질기게 했던 수많은 질문과 탐구를 하며 만들어졌습니다.

마치 높은 곳에 올라가면 마을 전체를 내려다볼 수 있는 넓은 시야를 얻게 되듯이, 철학을 한다는 것은 하나의 문제를 더 큰 눈으로 볼 수 있게 되는 것이랍니다. 그러면 어떤 점이 좋을까요? 더 넓게 보는 눈, 더 깊이 있게 보는 눈, 다른 사람들이 생각하지 못한 부분들을 상상하고 찾아낼 수 있는 눈이 생깁니다. 또 우리 앞의 문제들을 자신만의 창의적인 방법으로 해결할 수도 있고, 그 문제를 해결하다가 다른 더 큰 문제를 발견하여 미리 처리할 수도 있습니다.

《초등 첫 인문철학왕》은 바로 그러한 생각의 눈을 아주 활짝 열어 줄 것입니다. 주제와 관련된 재미있는 동화, 이와 연결된 깊이 있는 인문 해설과 철학 특강, 창의·탐구 활동 등으로 구성된 시리즈는 아이들이 세상에 넘쳐 나는 지식을 지혜롭게 다루는 힘을 길러서, 문제해결력을 갖춘 창의적 인재로 성장할 수 있게 해 줄 것입니다.

그러니 이 책을 읽으며 여러 분야에서 떠오르는 호기심과 질문들을 혼자만 가지고 있지 말고 친구, 가족과도 나누어 보시길 바랍니다. 모두가 질문하고 생각하는 힘이 생긴다면, 어려운 문제들을 함께 해결해 나가는 공동체를 만들 수 있겠지요?

이 책을 읽는 여러분들 모두, 그런 멋진 공동체를 하나둘 만들어 나가는 지혜로운 미래 인재가 되기를 기대합니다.

이지애 드림
(이화여대 철학과 부교수, 한국 철학교육 학회 회장)

# 초등 첫 인문철학왕
## 이렇게 활용하세요!

### 생각 실험

생각 실험은 어떤 사실을 알기 위해 여러 가지 실험과 사례를 연구하는 것이에요. 철학이나 자연 과학 분야 등에서 널리 사용되는 방법이에요. 권마다 주제에 관련된 실험, 유명한 인물의 사례 등을 읽으며 상상력과 문제 해결력을 키워 보세요.

### 만화 & 동화

인문 철학 주제별로 아이들의 생활 세계 속 이야기, 패러디 동화 등이 다양하게 펼쳐져요. 처음과 중간은 만화, 본문은 그림 동화로 되어 있어서, 재미난 이야기에 푹 빠질 수 있어요.

## 인문철학 왕 되기

오랫동안 어린이들과 함께 철학 수업을 연구하고 진행해 온 한국 철학교육연구원 소속 교수와 연구진들이 집필했어요.

**소쌤의 철학 특강, 인문 특강, 창의 특강**으로 구성되었어요. 주제와 이야기 안에 숨겨진 철학적 문제들에 대해 함께 답을 찾아갈 수 있도록 깊이 있는 토론과 특강, 그리고 재미있는 활동으로 구성되었어요.

난 질문하는 **소크라테스**! 문제를 해결할 수 있도록 도와주지!

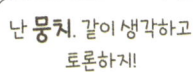

난 **뭉치**. 같이 생각하고 토론하지!

난 늘 창의적인 **새롬**이!

난 생각이 깊은 **지혜**!

### 교과 연계

각 권마다 최신 개정 교과서 단원과 연계되어 교과 학습에 도움이 되도록 구성되었어요. 권별로 확인하세요.

## 이 책의 차례

추천사 ......................................................... 4

구성과 활용 ................................................. 6

**생각 실험** 경험하지 않은 일도
내 일처럼 공감할 수 있을까? ............... 10

**만화** 조각가 토삐와의 대화 ....................... 20

### 떠도는 삶도 이젠 지쳤어 ——— 22
**인문철학왕되기1** 마음이란 무엇일까?
**소쌤의 철학 특강** 몸과 마음은 어떤 관계일까?

### 언제나 즐거운 양 떼 마을 ——— 46
**인문철학왕되기2** 내 마음을 가장 잘 아는 사람은 누구일까?
**소쌤의 인문 특강** 마음이 하는 말에 귀를 기울이기

| 만화 | 토삐는 왜 떠돌이가 되었나 ········· 66

## 브로콜리 사태 ·········································· 72
- 인문철학왕되기3  마음을 말로 다 표현할 수 있을까?
- 소쌤의 창의 특강  다른 사람의 마음을 어떻게 알 수 있을까?

## 드디어 알게 된 서로의 마음 ············· 102
- 인문철학왕되기4  만일 나라면?
- 창의활동  마음에 밴드를 붙여요

여기 **80대 노인 한 명**이 있습니다.
노인은 1979년 5월부터 1982년 10월까지
미국과 캐나다 곳곳을 돌아다니며 하루하루를 살았습니다.
그런데 이 노인은 어떤 날은 아주 건강하고 활동적이다가도,
또 어떤 날은 휠체어에 타거나 지팡이를 짚고
힘겹게 움직였습니다.
또 어떤 날은 대중교통을 이용하기도 하고 카페나
레스토랑에서 음식을 먹기도 했지요.

이 노인은 바로 20대의 디자이너, **패트리샤 무어**였습니다.
왜 패트리샤는 **할머니의 모습으로
변장**을 하게 되었을까요?

산업 디자이너인 패트리샤는 처음 취직한 회사에서 냉장고를 디자인하는 프로젝트를 맡게 됩니다.

패트리샤는 어렸을 때 할머니가 냉장고 문을 쉽게 열지 못하던 모습을 떠올리고 **"관절염을 앓는 사람들도 쉽게 열 수 있는 냉장고를 만들 수는 없을까?"**라고 의견을 냈습니다. 그러자 동료들과 상사들은 **"우리는 그런 사람들을 위한 제품을 만들지 않는다."**라고 답했습니다.

그래 그래.
모든 사람을 위한
제품을 만들기는 어렵지.

패트리샤는 직접 노인 생활을 체험하고 그들에게 무엇이 필요한지 알아보기로 결심했습니다. 특수 분장을 이용해 외모를 노인처럼 꾸몄고, 눈에는 도수가 안 맞는 안경을 쓰고 귀에는 솜을 넣어서 청력, 시력까지 노인 수준으로 낮추었지요. 그리고 지팡이와 휠체어를 사용해 불편한 움직임도 경험하며 3년 동안 돌아다녔습니다.

이후 패트리샤는 **모든 사람을 위한 편리한 제품**을 만드는 데에 힘을 쏟았습니다. 바퀴 달린 가방, 움직임이 불편한 사람을 위한 저상 버스, 양손잡이 가위 등이 패트리샤의 대표적인 디자인입니다.

이런 여행 가방이라면 무거워도 힘들지 않고 옮길 수 있겠어!

"원래대로라면 불과 10분밖에 걸리지 않는 거리를 가는 데도 노인의 모습으로는 거의 한 시간이 걸렸어요. 결국은 택시를 불러야 하는 상황이었습니다. 이 여정을 통해 나는 노인으로 살아가는 게 얼마나 힘든 일인지 경험할 수 있었습니다."

그러나 우리가 다른 사람을 이해하기 위해 직접 다른 사람이 되어 보는 실험을 하기란 쉽지 않습니다.

**다른 사람들을 이해하고 공감하려면
그 사람들과 동일한 경험을 해야만 할까요?**

"그 사람의 경험을 상상할 수 있으면
동일한 경험을 하지 않아도
공감할 수 있어."

"다른 사람에게 공감하기 위해서는
그 사람과 동일한 경험을 해야 해."

## 떠도는 삶도 이젠 지쳤어

"이 상자가 마지막인가요?"

택배 배달원이 마지막 상자를 트럭에 실으며 물었어. 토끼는 주소가 적힌 종이를 건네며 무미건조한 목소리로 대답했어.

"네, 여기 주소요. 문 앞에 놓아 주세요."
"짐은 내일 도착할 겁니다. 그럼 수고하세요."
"대부분 조각품이니 조심히 다뤄 주세요! 꼭이요!"
"네네. 벌써 열 번도 더 말씀하셨어요. 알겠어요, 알겠다고요."
배달원은 좀 짜증이 난 듯했어. 그는 귀를 후비적거리며 얼른 차에 올라탔지. 토삐 인상이 사정없이 구겨졌어.

'난 다 알아. 말은 저렇게 해 놓고 분명 상자를 내동댕이치겠지. 내가 모를 줄 알고? 조각품 하나라도 망가져 봐라!'

토삐는 팔짱을 낀 채 멀어져 가는 택배 트럭을 바라보다 집으로 발걸음을 옮겼어.

'들어가서 남은 짐이나 마저 싸야겠군. 그리 오래 걸리진 않겠지. 이사에도 도가 텄다고 이제.'

5년 차 토끼 인생에 이사는 벌써 열 번째이니 토삐에게 짐을 싸고 푸는 일은 정말 식은 죽 먹기였어. 토삐는 얼른 일을 마치고 목욕해야겠다고 마음먹었지. 따뜻한 물에 몸을 담그고 이런저런 생각에 잠기는 건 참 좋았어. 자기도 모르게 늘 긴장한 채로 사는 토삐가 유일하게 편안함을 느끼는 시간이었거든.

'마을 고슴도치들에게 내일이면 이곳을 떠난다고 이야기하는 게 좋을까?'

토삐는 잠시 하던 일을 멈추고 골똘히 생각했어. 사실 벌써 일주일째 하는 고민이었지. 이사를 다니며 여러 동물과 만났지만 토삐는 늘 말도 없이 살던 곳을 떠나오곤 했어. 주로 동네 동물들과 싸우고 나서 이사를 결심했거든. 마음이 상했으니 그길로 그곳을 떠나 버렸던 거야.

 이번이라고 다를 건 없었어. 고슴도치 마을을 떠나야겠다고 생각한 것도 그나마 마음을 터놓고 지냈던 이장 고슴도치와 크게 싸운 뒤였지.

 '그래. 인제 와서 무슨 소용이겠어. 어차피 이장 고슴도치도 이젠 나 같은 토끼와 어울리고 싶지 않을 거야. 그냥 말없이 떠나는 게 좋겠어.'

 이번에도 토삐는 아무에게도 알리지 않고 사라지기로 했어. 그러고는 다시 짐 싸는 일에 몰두했지.

 얼마쯤 지났을까? 토삐의 스마트폰이 울렸어. 총총 뛰어가 보니 부엉 씨에게 걸려 온 영상 통화였어.

 '쑥스럽게 왜 자꾸 영상 통화를 걸고 난리람.'

 민망했지만 토삐는 할 수 없이 부엉 씨의 전화를 받았어.

 "토삐! 이사 준비는 다 끝냈나?"

 "으,응. 뭐 그럭저럭. 근데 왜 자꾸 영상 통화를 걸고 그래. 전화로도 충분하다고. 아니 이왕이면 그냥 문자만 보내."

 "이 토끼야, 세상이 빠르게 변하는 만큼 우리 동물도 적응해야 한다고! 문자 주고받는 것보다 목소리를 듣는 게 더 낫지. 그리고 목소리만 듣는 것보다 이렇게 표정과 몸짓을 함께 보면 내가 자네 마음을 잘 알 수 있지 않은가!"

"대체 뭘 더 알고 싶단 거야?"

토삐는 부엉 씨의 말에 괜히 볼멘소리로 대답했어. 토삐도 부엉 씨가 자신에게 애정을 품고 있다는 걸 잘 알고 있었어. 그렇지만 왠지 부엉 씨에게 마음을 표현하기가 영 쉽지 않았지.

그래도 부엉 씨는 그런 토삐를 이해했어. 토삐가 유일하게 오랜 시간 친구로 지내고 있는 동물이 부엉 씨뿐인 이유도 다 그 때문이었지.

"툴툴거려도 표정을 보아하니 내 연락을 기다린 것 같은데? 하하하! 그래, 양 떼 마을에서 지낼 곳은 양두네 옆집이라지?"

"양두? 그게 누군데?"

"아직 연락 못 받았나? 내가 알아봐 준 양 떼 마을 새 보금자리 있지 않은가. 그 옆집에 양두라는 어린 양 가족이 산다더군. 양 떼 마을 이장 말이, 자네가 양 떼 마을에 잘 적응할 수 있도록 일부러 그 옆집을 추천했다더군. 모두 온순하고 마음 넓지만, 그 집 양들이 특히나 그렇다고 하니 잘 지내보게나."

"뭐, 부엉 씨는 항상 모든 동물에 호의적이지. 덕분에 내가 매번 기대를 품고 갔다가 절망하고 또 이사하게 되는 게 문제지만."

토삐는 입술을 씰룩거리며 말했어. 매번 기대를 품었다는 토삐 말은 사실이었어. 이사할 때마다 '이번만큼은 부디 새 동물들과 싸우지 않고 잘 지냈으면!' 하고 누구보다 바랐던 게 토삐였거든.

"그래도 새로운 보금자리에서 머무는 시간이 점점 길어지고 있지 않은가! 호랑이 마을에서는 이틀, 너구리 마을에서는 닷새, 지금 거기 고슴도치 마을에서는 무려 2주를 머물지 않았나! 양 떼 마을에서는 분명 평생 살게 될 걸세! 아, 물론! 양들이 좀 시끄럽다는 건 이해하게나. 워낙 말이 많은 친구들이라서 말이야, 허허허. 그것만 빼면 정말 마음 편하게 살 수 있는 곳일 걸세."

"뭐? 좀 시끄러워? 이게 다 무슨 소리야? 시끄러운 게 이해할 만한 일이냐고! 그걸 왜 지금 말하는 거야, 내가

시끄러운 걸 질색하는 거 알면서!!"

토삐는 빽 소리쳤어. 이사 준비를 다 마쳤는데 이제서야 이런 중요한 정보를 알리다니! 부엉 씨에게 화가 났지.

"토삐! 진정하게나! 세상에 나한테 꼭 맞는 보금자리란 없다네. 친구도 마찬가지고 말이야. 나는 잘 알지. 자네가 이렇게 뜬금없이 화를 잘 내기는 하지만 누구보다도 마음 여리고 상대를 배려하는 착한 토끼란 걸. 그러니 내가 자네랑도 이리 오래 친구 하는 거 아니겠는가? 양 떼 마을에 가서도 말이야, 고 성깔 좀 죽이고 잘 지내보게나. 세상에 완벽한 동물은 없다네!"

"으아악! 귀마개를 세 상자 더 주문해야겠어. 시끄러운 건 딱 질색이야, 딱 질색!"

토삐는 두 귀를 틀어막으며 고개를 도리도리 저었어.

부엉 씨는 퍽 난감해졌지. 그래도 부엉 씨는 토삐가 양 떼 마을에서 어떻게든 적응할 수 있을 거라 믿었어. 말과 행동은 저렇게 해도 다른 동물들과 잘 지내보려고 노력하는 토삐란 걸 부엉 씨는 잘 알고 있었거든.

"내가 양 떼 마을 이장에게 한 번 더 전화해 놓겠네. 자네 근처에서는 말 좀 줄이라고 말이야. 하하하. 행운을 비네, 토삐."

토삐는 부엉 씨 말에 마음이 좀 진정됐어. 그제야 자기가 또 성급하게 화를 내고 말았다는 사실을 깨닫고 미안해졌지.

"휴, 그래. 신경 써 줘서 고마워. 아무튼 거기서도 그리 오래 버티진 못할 것 같은 기분이 들어. 다시 이사 갈 만한 곳 미리 알아보고 있으라고."

토삐는 어렵게 부엉 씨에게 고맙다고 말했어. 실은 갑자기 소리를 질러 미안하다는 말도 하고 싶었지만 차마 입이 떨어지지가 않았어. 그래도 이 정도면 많이 발전한 셈이야. 예전 같았다면 어물쩍 넘어갔을 토삐였으니까.

한참 우물쭈물거리는 토삐를 보고 부엉 씨가 물었어.

"응? 토삐 자네, 나한테 할 말이 남았는가?"

"크흠, 아, 아니야. 끊을게."

**토삐는 감정을 말로 표현하는 게 참 힘들었어.** 마음 상하는 일이 생기면 그저 방구석에 틀어박혀 당근을 깎아 댔어. 당근을 열심히 깎고 또 깎다 보니 당근 조각가가 되었지. 다행히 동물 세계에서 토삐의 당근 조각품은 많은 사랑을 받았어. 토삐 작품은 늘 참신하고 재밌다는 평가를 받았지. 하지만 이제는 토삐도 알아. 화나고, 슬프고, 고맙고, 미안하고 뭐 그런 마음이 들 땐 말로도 표현할 줄 아는 토끼가 되어야 한다는 걸.

냅다 당근을 던지며 소리 질러 봤자 토삐가 왜 화가 났는지 알아주는 동물은 없었어. 대신 왜 화가 났는지, 왜 속상한지 말로 설명하기 시작하자 다른 동물들 태도가 바뀌기 시작했지. 부엉 씨말대로, 토삐가 새로 이사한 곳에서 머무는 시간이 점점 더 길어지게 된 이유도 바로 그 때문이야.

그래도 토삐는 말로 마음을 표현하는 것보다 당근을 깎는 게 백 배, 천 배는 더 쉬웠어. 어떨 땐 스스로도 화가 난 건지, 속상한 건지, 슬픈 건지 헷갈렸거든. 고슴도치 마을을 떠나겠다고 마음먹은 것도 어쩌면 그 때문인지 몰라.

토삐는 마지막 짐을 여행 가방에 넣고 지퍼를 잠갔어. 툭툭 손을 터는데 갑자기 코끝이 찡해졌어. 아마 고슴도치 마을에 정이 든 탓인가 봐. 양 떼 마을로 이사한다고 해서 잘 지낼 수 있을까 덜컥 겁나기도 하고 말이야. 토삐는 고개를 도리도리 저었어.

'내일이면 이곳도 안녕인걸. 양 떼 마을에서는 더 좋은 친구를

사귈 수 있을 거야.'

토삐는 스스로를 다독이며 일찍 잠자리에 들었어.

 그날 밤 꿈속에는 양들과 친해진 토삐가 환하게 웃고 있었어. 꿈인지도 모른 채 토삐는 양들과 얼마나 즐겁게 놀았는지 몰라. 꿈속에서 토삐는 양 떼 마을로 이사하길 참 잘했다고 생각했어. 이제는 더 이상 이사 다니지 않아도 된다는 생각에 안심했지.

 다음 날, 토삐는 배낭을 메고 양 떼 마을로 향했어.

 "화창한 봄날에 코끼리 아저씨가♬ 가랑잎 타고서 태평양 건너

갈 적에♫ 다 같이!"

"꺄르르 꺄르르!"

"제대로 찾아온 모양이군. 벌써부터 이리 시끄럽다니!"

언덕 아래 도착한 토삐는 저 멀리서 들려오는 즐거운 노랫소리에 자기도 모르게 눈살이 찌푸려졌어.

"내, 이 부엉 씨를 그냥!! 시끄러운 게 좀 흠이라고? 쪼옴?!"

토삐는 손에 쥐고 있던 지도를 꽉 움켜쥐었어. 뭐가 그리 신나는지 언덕 위에서는 양 떼들이 함께 노래를 부르며 웃고 떠드는 소리가 계속됐지. 토삐는 지금이라도 고슴도치 마을로 돌아갈까 고민하다 이내 마음을 고쳐먹었어.

 언덕을 오를수록 노랫소리와 양 떼 웃음소리는 더욱 선명해졌어. 토삐 얼굴은 점점 더 일그러졌지. 시끄러운 건 정말 질색이었으니까.
 "어? 저기 오는 것 같아요!"
 "온다! 온다!! 다들 제자리로!!"
 저 멀리 언덕 아래서 쫑긋 세운 토끼 귀가 보이기 시작했어. 양 떼들은 분주해졌어. 양 떼 마을로 이사 오기로 한 토삐를 위해 환영식을 준비했거든.
 "얼른 초에 불 붙여 주세요! 지금이에요!"
 양두는 엄마에게 작은 목소리로 재촉했어.

"아빠, 여기 잡아 주세요! 얼른요!"

양두와 아빠는 토삐를 위해 준비한 현수막을 펼쳐 들었어.

따뜻한 햇볕과 살랑이는 바람까지……. 양두는 토삐를 맞이하기에 정말 완벽한 날이라고 생각했어. 양 떼 마을 식구들과 함께 준비한 환영식을 보고 깜짝 놀라며 기뻐할 토삐 얼굴을 상상하니 양두는 마음이 두근두근했어. 새 친구를 만나는 일은 언제나 설레었거든. 드디어 언덕 아래서 토삐 얼굴이 드러나기 시작했어.

양두는 악기를 든 양들에게 신호를 보냈지. 하나, 둘, 셋!

"연주 시작!"

"둥둥다리 둥둥다! 둥둥둥!"

"환영해요♬ 양 떼 마을에 오신 토삐 님을 두 팔 벌려 환영해요♪"

"뿌우우우우!"

"환영합니다!! 어서 오세요!! 토삐 씨!!!"

양들은 양두 신호에 맞춰 저마다 맡은 역할을 성실히 했어. 연주 팀은 박자에 맞춰 음악을 연주했고, 양두 할아버지와 할머니는 있는 힘껏 부부젤라를 부셨지. 양두 엄마는 토삐 앞으로 나가 초가 꽂힌 당근 케이크를 내밀었어. 그리고는 토삐에게 큰 목소리로 환영 인사를 건넸어. 양 떼 마을의 양들 모두 행복한 마음으로 토삐를 맞이했어.

"예에. 안녕하세요. 이거 불면 되나요? 후- 후- 후- 아휴, 많이도 꽂으셨네. 후우- 후우!!"

토삐는 무미건조한 목소리로 양 떼에게 인사했어. 그리고는 케이크에 꽂힌 초를 후후 불어 불을 껐지. 얼마나 초가 많았는지 몇 번을 불어도 초는 다 꺼지지 않았어. 겨우 초를 다 끄자 양 떼들은 다시 한번 환호성을 질렀어.

"와아! 환영합니다 토삐 씨! 우리 함께 잘 지내봐요!"

양들은 웅성웅성 저마다 토삐에게 인사를 건넸어. 토삐는 귀가 찢어질 듯했어. 자신도 모르게 찌푸려지려는 얼굴을 애써 감추며 토삐는 어색하게 웃는 시늉을 했어. 그리고는 양들에게 고개를 까

딱이며 대충 인사했지.

"안녕? 난 양두라고 해. 너희 옆집에 살아. 양 떼 마을에 잘 적응할 수 있도록 내가 열심히 도울게. 잘 지내보자!"

양두는 들고 있던 현수막을 아빠 양에게 건네고 얼른 토삐에게 달려가 인사했어. 양두는 생각보다 데면데면한 토삐 반응에 조금 당황했어. '뭘 잘못했나?' 싶은 생각도 들었지. 하지만 오는 길이 힘들어서 그런 탓이라 생각하기로 했어.

"그래, 반가워. 근데 내가 좀 피곤해서 말이야. 인제 그만 집으로 가도 될까?"

손 내밀며 악수를 청하는 양두 손을 토삐는 잡는 둥 마는 둥 하며 발걸음을 옮기려 했어. 토삐와 함께 케이크도 나눠 먹고 마을 양들 소개도 하며 환영식 2부를 진행할 참이었는데……. 예상치 못한 토삐 말에 양 떼는 당황했어.

"아! 토삐 씨가 아무래도 먼 길을 오느라 피곤한 모양이군요. 암요, 얼른 가서 쉬시지요. 양두야, 네가 집까지 데려다주려무나."

"아뇨, 괜찮습니다. 혼자 갈 수 있어요. 그럼 전 이만."

이장 양이 나서서 어색한 분위기를 수습하려고 했어. 양두는 이장 말대로 토삐에게 집을 안내해 줄 참이었지. 하지만 토삐는 그

마저도 원치 않았어. 누구든 절대 따라오지 않았으면 했거든. 토끼는 그대로 양들에게 꾸벅 인사를 한 뒤 여행 가방을 끌고 앞으로 걸어갔어.

"뿌우우……."

아기 양 한 마리가 바닥에 떨어져 있던 부부젤라를 집어 들고 힘없이 불었어. 다른 양들도 힘 빠진 부부젤라 소리처럼 어깨가 축 처졌어. 조각하는 예술가라더니……. 역시 예술을 하는 토끼를 양들이 이해하기엔 쉽지 않다는 걸 느꼈지. 양두는 저만치 멀어져 가는 토끼 뒷모습을 보며 생각했어.

'오늘은 이렇게 보냈지만…… 내일은 반드시 더 친해지고야 말겠어!'

그래, 어떤 상황에서든 기죽지 않는 양두였지. 양두는 날이 밝는 대로 토삐를 찾아가야겠다고 마음먹었어. 조금은 무심한 듯한 토삐였지만 그게 그 토끼의 전부는 아닐 거라 믿었어. 양두는 토삐와 꼭 친구가 되고 싶었어. 양두는 자기도 모르게 두 주먹을 불끈 쥐었어.

# 마음이란 무엇일까?

우리에게 모두 마음이 있다면, 마음이 하는 일은 무엇일까요?

마음이 없는 사람은 없어. 마음이 없으면, 사람이 아니라 좀비나 로봇일 거야.

마음은 감정을 느끼게 해 줘. 무서움, 분노, 기쁨, 슬픔, 사랑, 혐오 같은 감정말이야.

마음은 내가 무엇을 하고 싶은지, 무엇을 하지 말아야 하는지를 알게 해 줘. 마음에는 감정도 있지만, 생각도 포함되어 있는 것 같아.

맞아. 우리는 뭔가 잘못했을 때 양심이 찔린다고 하잖아. 마음은 뭘 잘못하면 그걸 다 알아채네.

동·서양을 막론하고 철학자들은 마음이 하는 일이 무엇인지, 몸과 마음이 어떻게 연결되었는지, 마음을 다스리려면 어떻게 해야 하는지에 대해 골몰했어. 지금은 철학 외에도 정신 의학, 뇌 인지 과학, 심리학, 동물 행동학 등에서 사람과 동물의 마음을 활발하게 연구하고 있지. 마음이 그만큼 알기 힘든 대상이라는 거야.

### 소쌤의 철학특강

## 몸과 마음은 어떤 관계일까?

우리는 마음을 늘 느끼는데, 그 마음이 어디에서, 어떻게 나오는지는 잘 모르는 것 같구나. 철학자들도 오랜 시간 동안 마음이 몸과 어떻게 연결되어 있는지를 궁금해 했단다.

 철학에서 마음과 몸의 관계를 바라보는 시각은 크게 두 가지가 있어.

**첫째는 마음과 몸이 따로 존재할 수 있다는 심신이원론이야.**
심신이원론자들은 마음이 몸이라는 감옥에 갇혀 있다가 사람이 죽게 되면 서로 분리된다고 생각했어. 사람이 행동을 하게끔 시키는 건 마음이고, 몸은 마음의 그림자 같은 거라고 생각했지. 심신이원론은 '근대 철학의 아버지'라 불리는 프랑스의 철학자 데카르트에 이르러서 더 구체적으로 이야기 되었어. 데카르트에게 인간의 본질은 마음과 정신이었어.

"나는 생각한다. 고로 존재한다."라는 말 들어 봤지?

우리가 보는 것, 몸, 장소 모두 확실하지 않지만 생각만큼은 확실하게 존재한다는 것이지. 정신은 몸에 의존하지 않아. 생각을 멈춰 버린 몸이 있듯이 몸이 없는 생각도 있을 수 있다고 보는 거야.

### 둘째는 마음과 몸이 하나라는 심신일원론이야.

몸과 마음이 구분되지 않고, 몸 없이는 마음도 존재할 수 없다는 주장이지. 과학적으로 생각이나 감정 상태는 두뇌의 상태와 같다는 거야. 정신이라고 생각했던 것이 사실은 몸에서 일어난 일에 불과하다는 거지. 최근에는 뇌의 활동이 곧 마음이라고 생각하는 학자들이 많아졌어. '뇌'를 연구하다 보면, 마음의 비밀이 밝혀질 거라는 거지.

## 언제나 즐거운 양 떼 마을

띵동 띵동 띵동!

"으아아악! 초인종이라니! 초인종이라니이이!!"

이른 아침부터 울려 대는 초인종 소리에 토삐는 귀를 틀어막았어. 귀가 무척 예민한 토삐는 결코 집에 초인종을 다는 법이 없었지. 부엉 씨도 이 사실을 모를 리 없었어. 분명히 이장 양에게 당부해 두었지. 토삐 집에는 절대로 초인종을 달아서는 안 된다고 말이야. 하지만 어찌 된 일인지 양 떼 마을 토삐네 집엔 초인종이 달려 있었어. 그리고 눈치 없는 누군가가 이른 아침부터 초인종을 사정없이 눌러 댔어.

"토삐야! 일어났어? 나야 나! 어제 만났던 양두우!"

안에서 기척이 없자 양두는 아예 큰 소리로 토삐를 불러 댔어.

"저 녀석이 진짜아?!"

토삐는 분노에 휩싸여 쿵쿵 사납게 현관 쪽으로 발걸음을 옮겼어. 곧 엄청난 일이 벌어질 것만 같았어. 토삐가 양두 머리를 향해 당근을 집어던진대도 이상해 보일 게 없는 상황이었지. 현관문을 거칠게 열고 토삐는 마당을 성큼성큼 가로질러 갔어.

"오! 토삐야, 일어났구나! 어서 문 좀 열어 봐!"

대문 안으로 토삐 모습이 보이자 양두는 반가운 목소리로 소리쳤어.

'그렇게 초인종을 눌러 대는데 안 일어나고 배기겠냐!'

토삐는 양두 말에 속으로 구시렁거리며 대문을 열었지. 끼익-

대문을 열자 양두가 따끈따끈한 수프 한 냄비를 들고 서 있었어. 고소한 수프 냄새가 코를 찌르자 토삐는 흠칫 놀랐지. 자기도 모르게 꿀꺽 하고 군침을 삼켰어. 대문을 열자마자 양두 머리통에 탕! 하고 던져 버릴 참으로 들고나왔던 당근 꼭지는 등 뒤로 던져 버렸어. 토삐는 온화한 목소리로 양두에게 물었어.

"이른 시간부터 무슨 일이니?"

"아이코. 혹시 아직 자고 있었던 거니? 그래서 그렇게 대답이 없었구나! 그래그래, 무척 피곤했을 거야. 이사라는 게 그렇잖니. 또 몸은 피곤해도 낯선 집에서 잠이 쉽게 오겠어? 밤새워 뒤척인

거지? 그렇지? 눈이 빨간 것 보니 맞네! 맞아. 그래도 말이야. 다시 잘 때 자더라도 이거 좀 먹고 자! 집에 먹을 거 하나도 없지? 이따 우리 같이 장 보러 갈까? 시장 위치도 알려 줄 겸 내가 따라가 줄게. 아, 암튼. 이게 말이야. 우리 할아버지표 특제 양송이 수프인데 정말 맛이 끝내줘. 감기 걸렸을 때나 피곤할 때 이 수프 한 그릇이면 금세 기운 차릴 수 있어! 한번 먹어 봐!"

 양두는 쉼 없이 말을 이어갔어. 토삐는 그런 양두를 보며 아무런 말을 할 수가 없었어. 말이 많은 건 둘째 치고 말은 또 어찌나 빠른지 정신이 하나도 없었지. 토삐는 등 뒤로 던져 버린 당근 꼭지를 다시 찾아와 양두 입에 물려 버리고 싶었어.

 "그, 그래. 고마워. 그럼 난 이만……."
 "자, 잠깐!!"
 수프를 건네받자마자 미련 없이 대문을 닫으려는데 양두가 급하게 문틈으로 손을 집어넣었어. 토삐는 또다시 짜증이 솟구쳤어. 하지만 이내 마음을 고쳐먹고 차분한 목소리로 물었어.

 "또 뭐…… 아, 아니. 무슨 다른 용건이 또 있는 거니?"
 "장 보러 언제 갈 거야? 점심 먹고 다시 올까? 시장으로 갈래, 큰 마트로 갈래? 어디가 편해? 아니면 동네 구경할 겸 둘 다 가 볼

래? 나는 너만 좋다면…….”

"안 가! 안 간다고오오!! 나 다이어트 중이야!!! 오늘은 이 수프만 먹고 아무것도 안 먹을 거니까 방해하지 마!!!! 그럼 잘 가! 안녕!"

쾅!

토삐는 결국 양두에게 소리 지르고 말았어. 그러고도 성질이 나서 대문을 발로 뻥 차 버렸지.

양두는 눈앞에서 '쾅' 소리를 내며 닫히는 대문을 보고 깜짝 놀랐어. 눈을 끔뻑이며 이게 무슨 상황인지 이리저리 머리를 굴려 보았지. 토삐가 갑자기 왜 소리를 지르는지 도무지 알 수 없었기 때문이었어.

"아니, 도대체가 말 못 해서 죽은 귀신이 붙었나. 왜 저래. 아침 8시부터 이게 말이나 되냐고 대체?"

토삐는 냄비에 담긴 수프를 흘릴세라 걸음을 조심하면서도 아침부터 화나게 하는 양두 때문에 구시렁거리는 걸 잊지 않았어.

"세상 저렇게 말 많은 동물은 또 처음 보네. 와!"

집 안에 들어온 토삐는 냄비를 식탁에 올려놓고 고개를 도리도리 저었어. 토삐는 수프보다 말 많은 양두가 더 신경이 쓰였지.

"내가 처음부터 너무 상냥하게 대해 줘서 그런가? 어쩜 처음 보는 사이인데 예의라고는 저렇게 눈곱만치도 없는 거지?"

난생처음 겪는 동물 모습에 신기하면서도 기분이 상했어. 토삐는 식탁 위에 올려 두었던 냄비를 힐끔 쳐다봤어. 여전히 고소한 냄새를 풍기는 수프 덕분에 식욕이 올라왔거든.

"가져다준 성의를 생각해서 한 그릇 먹어 볼까? 엣헴."

토삐는 접시와 숟가락을 가져와 식탁에 앉았어. 냄비 뚜껑을 열자 수프 향이 더욱 진하게 풍겼어. 토삐는 망설임 없이 수프를 크게 떠 한 입 먹었지.

"으음? 제법인걸?"

수프는 정말 맛있었어. 한 입, 두 입 숟가락질하던 토삐는 어느새 냄비에 코를 박고 수프를 싹싹 긁어 먹었지.

사실 두더지 마을을 떠날 때부터 아무것도 먹지 못한 토삐였어. 마음이 편하지 않으면 음식이 잘 넘어가지 않았거든. 인사도 없이 두더지 마을을 떠나온 데다 새로운 곳으로 이사한다는 생각에 토삐는 자기도 모르게 긴장했던 거야. 끄억-

"아이고 잘 먹었다!"

어느새 냄비 하나를 뚝딱 비워 낸 토삐는 만족스러운 얼굴로 배

를 통통 두들겼어. 근래 들어 가장 만족스러운 식사였지. 수프의 고소한 풍미가 마지막 한 숟가락까지 살아 있었어. 양두가 할아버지의 수프 만드는 솜씨를 자랑할 만하다고 생각했지.

토삐는 그제야 번뜩 양두가 떠올랐어. 배가 부르고 기분이 좋아지자 닫히는 대문 사이로 보이던 양두의 당혹스러운 표정이 떠오른 거야.

"기꺼이 수프까지 가져다준 녀석에게……. 내가 너무 쌀쌀맞게 굴었나?"

토삐는 그제야 양두가 얼마나 민망했을지 생각하게 됐어. 그러고는 미안한 마음이 들었지. 토삐는 다시 마음이 불편해졌어.

토삐는 수프가 담겨 있던 냄비를 깨끗하게 설거지했어. 그리고 답례로 그 냄비 안에 무엇을 담아 돌려주면 좋을지 고민했어. 맛있는 수프를 대접해 준 양두 식구에게 고마운 마음은 꼭 표현하고 싶었거든. 하지만 토삐는 양두 가족에 대해 아는 게 없었어.

"흠, 내가 이래서 호의도 그냥 받기가 힘들다는 거야."

토삐는 누군가에게 도움을 받으면 반드시 보답해야 직성이 풀렸어. 신세를 지는 건 딱 질색이었거든. 토삐는 거실을 서성이며 어떻게 답례를 해야 할지 고민하고 또 고민했어. 그때였어.

"환영해요, 환영해요! 우리 마을에 오신 토삐 씨를 환영해요! 다 같이!"

밖에서 또 한번 시끌벅적한 소리가 들렸어. 토삐는 제 귀를 의심했지. 어제 들었던 환영 인사 노래였어.

'저, 저 노래를 왜 또?'

토삐는 거실 창문을 가리고 있던 커튼을 살짝 긷고 바깥을 살폈어. 아니나 다를까 양 떼들이 토삐네 집 앞에 동그랗게 모여 춤을 추며 노래를 부르고 있었어.

"아, 아니 대체……!"

양 떼들은 토삐를 위해 준비했던 환영식 2부를 다시 시작했던 거야. 아무래도 무척 아쉬웠거든. 양들은 토삐가 궁금했어. 그리고 여러 마을을 떠돌았다는 토삐가 양 떼 마을에서만큼은 마음 편히 오래도록 살기를 바랐지.

양 떼들은 목청껏 노래를 부르며 토삐가 문밖으로 나와 그들과 함께 춤추며 노래 불렀으면 했어. 누가 뭐래도 동물 사이에 친해지는 데는 춤과 노래만 한 게 없다고 믿는 양 떼였거든.

"환영해요, 토삐 씨! 우리와 함께해요! 둥가둥가둥♬"

"아이고 머리야. 끄응."

끝날 줄 모르는 양 떼들의 노랫소리에 토삐는 머리가 지끈거렸어. 아무래도 밖에 나가 그들에게 얼굴을 비춰야 이 행사가 끝날 듯했거든.

토삐는 체념한 채 현관문을 열고 밖으로 향했지.

"와! 토삐다! 모두 환영의 박수우!"

토삐를 발견한 누군가 큰 소리로 박수를 유도하자 양 떼들은 손

뻑을 치며 다시 기쁘게 노래했어.

"하핫. 다시 이렇게 모, 모이셨군요."

대문 밖을 나온 토삐가 양 떼들에게 어색하게 말을 건넸어.

"토삐씨, 간밤에 잠은 잘 잤나요? 어제 환영식 마무리를 못

해서 어찌나 서운하던지 말이에요. 시간 있는 양끼리 한 번 더 모여 이렇게 노래를 부르고 있었답니다! 우리 노래가 맘에 드나요? 부디 토삐 씨가 우리 양 떼 마을에서 오래도록 잘 지냈으면

하는 마음에서…… 아, 이 노래는 저기 언덕 너머에 사는 양치기에게 특별히 부탁해서 만든 노래예요. 그이가 중퇴이긴 하지만 대관령 대학 작곡과를 다녔다지 뭐예요? 그래서…….”

“감사합니다! 정말 감사해요! 절 위해 이렇게 노래까지!”

토삐는 양의 말을 황급히 가로막았어. 도대체가 말을 한번 시작하면 그칠 줄 모르는 양들이었지. 토삐는 분명 대문 밖을 나설 때만 해도 나름 온화한 미소를 짓고 있었어.

약속도 없이 무턱대고 찾아와 시끄럽게 노래를 불러 대는 양들에게 짜증이 난 것도 사실이야. 하지만 그들이 토삐를 양 떼 마을 식구로 받아 주려고 마음을 열고 다가온다는 걸 토삐도 알고 있었지. 그렇기에 미소를 지으며 어떻게든 그들 마음을 밀어내지 않기 위해 노력했어. 하지만 양들의 말이 길어질수록 토삐 얼굴은 점차 굳어 갔어. 역시 노력한다고 쉽게 되는 건 아니었지.

“양두네 수프는 입에 좀 맞던가요? 하긴. 양두 할아버지표 수프는 안 좋아할래야 안 좋아할 수가 없어. 나도 말이야, 엊그제 목이 좀 칼칼하고 으슬으슬 춥길래 그 수프를 한 그릇 얻어먹었거든. 그랬더니 바로 이렇게 쌩쌩해졌어!”

“아…… 네에. 하하.”

'대체 아침에 양두가 수프 가져다준 걸 이 양들이 어떻게 알고 있는 거야? 불과 몇 시간 전 일인데.'

양들 사이엔 비밀이란 없는 듯했어.

'아주 소소한 일까지 서로 이야기하며 친밀하게 지내는 게 양들 습성인 건가?'

토삐는 어떻게든 양들을 이해하려고 애썼어. 그때였어. 양 무리 뒤에서 양두 목소리가 들렸어.

"거참. 토삐 좀 그냥 두자니까요. 토삐가 영 피곤해 보인다고 얘기했잖아요!"

양두가 양들 사이를 헤치고 토삐 근처로 다가왔어. 토삐는 양

두가 무척 반가웠어. 이 양 떼에게서 토삐를 구해 줄 영웅처럼 보였지 뭐야.

"야, 양두야!"

"토삐야, 잠은 좀 더 잤니? 수프는 먹었고?"

양두는 따뜻한 목소리로 물었어. 말 많은 양 떼 사이에서 시달리던 토삐는 걱정스런 얼굴로 묻는 양두 덕분에 마음이 사르르 녹았어.

"환영식은 이만하면 충분해요. 다들 집으로 돌아가세요. 토삐가 좀 더 쉴 수 있도록 배려해 줍시다. 자자!"

양두가 토삐 집 앞에 진을 치고 있는 양 떼들을 서둘러 돌려보내자 토삐는 마음이 뭉클했어. 양두 말에 양 떼들은 아쉬운 마음을 뒤로하고 각자 집으로 흩어졌어. 물론 토삐와 일일이 눈을 맞추며 인사하는 건 잊지 않았지.

양들이 모두 돌아가자 토삐는 그제야 긴장이 탁 풀렸어. 양두는 여전히 토삐 곁에 서 있었어.

"아, 아깐 내가……."

"나중에 장 보러 갈 때 우리 집으로 와. 같이 가 줄게."

토삐는 아까 일을 사과하려 했어. 하지만 양두는 아침 일은 이미 잊었다는 듯 굴었어.

"그래, 고마워. 내일 오후에 함께 시장에 가 줄래? 내가 너희 집으로……."

"아니면 대문 좀 열어 놓을래? 내가 왔다 갔다 하며 너 필요한 거 챙겨 줄게. 당장 마실 물도 없잖아? 물이랑…… 집 안이 건조하진 않니? 내 방에 가습기 남는데 빌려줄까? 샴푸랑 로션은? 치약은 넉넉히 있니? 없으면 내가……."

"아……."

토삐는 입을 다물지 못했어. 아예 대문을 열어 두라는 양두 말에 놀란 가슴을 진정할 새도 없이 양두는 다시 입이 터져 다다다 제 할 말만 쏟아 내기 시작했거든. 집은 오로지 나만을 위한 공간인데, 왜 문을 열어 두라고 하지? 양두에게 감동했던 마음이 다시 식어 가는 걸 느낀 토삐였어. 양두가 눈치가 없는 걸까? 아님, 내가 지나치게 양두를 경계하는 걸까? 토삐는 양두가 좋으면서도 이상하게 부담스러웠어.

# 내 마음을 가장 잘 아는 사람은 누구일까?

나도 내 마음을 잘 모를 땐 어떻게 해야 하죠?

제 마음은 우리 엄마가 제일 잘 알아요. 엄마는 독심술을 하는 사람처럼 내가 배고플 때, 내가 공부하기 싫을 때, 내가 게임 하고 싶을 때를 기가 막히게 안다니까요.

토삐도 양두에 대한 자신의 마음을 잘 이해하지 못하는 것 같구나. 너희들은 자신의 마음을 가장 잘 아는 사람이 누구라고 생각하니?

제 마음을 가장 잘 아는 것은 저예요. 어떤 마음을 먹는 사람도 저고, 마음을 바꾸는 사람도 저니까 제 마음을 속속들이 알 수밖에 없어요.

마음은 하도 오락가락해서 내 마음이 어떤지 말하기가 어려워요. 아! 상담 선생님이 제 마음을 잘 아는 것 같아요. 상담 선생님이랑 이야기하면, 제 마음을 잘 읽으신다는 생각이 들어요.

내 마음을 가장 잘 아는 사람은 자기 자신이어야 할 것 같구나. 그러나 상대의 마음만큼 내 마음을 이해하기 어려운 순간들이 있지. 토삐가 양두에게 갖는 '좋으면서도 이상하게 부담스러운 마음'처럼 말이야.

## 마음이 하는 말에 귀를 기울이기

마음은 시각이나 촉각과 같은 감각으로는 알아차릴 수 없어. 그렇다면 마음은 어떻게 알 수 있을까?

**철학자 데카르트**는 '마음을 들여다보는 일'을 통해 마음의 존재를 확인할 수 있다고 생각했어. 가만히 마음을 살펴본다는 것은 책상에 있는 컵을 보는 것과 같은 방식으로 이루어지지 않아.

**기쁨, 슬픔, 두려움, 미안함 등 자신이 경험한 심리적 상태들을 관찰하고 살펴보는 일이지.**

몸이 항상 마음의 말을 듣는 건 아니란다. 운동을 가야 하지만 피곤해서 아침에 늦잠을 자 버릴 때처럼 몸이 마음을 따라 주지 못하는 경우도 있어. 몸은 평소처럼 계속 더 잠을 자고 싶고, 마음은 운동을 통해 더 건강해지고 싶은 거지.

그럴 때는 어떻게 몸이 마음의 말을 따르게 할 수 있을까?

**철학자 아리스토텔레스**는 마음이

| 생각을 잘 하는 마음 |  | 생각을 하지 않는 마음 |

두가지로 되어 있다고 이 문제를 설명해.

생각을 잘하는 마음은 우리에게 좋은 것이 무엇인지를 생각하고, 행동을 하게끔 명령하지. 그런데 생각을 하지 않는 마음이 당장 눈앞의 편안함을 쫓는다는 거야. 손톱을 물어뜯거나 비뚤게 앉는 등의 나쁜 습관을 고치려고 마음먹었지만 잘 안 되는 경우를 생각해보면 쉬워. 비뚤게 앉지 말아야 한다는 걸 알지만 이미 비뚤어진 자세에 익숙해진 몸은 바른 자세로 앉는 것이 불편하지. 그러나 반대로 생각해 보면

### 마음먹은 것을 습관으로 만들면 몸도 마음의 뜻을 따를 수 있단다.

아침 운동을 습관으로 만들면, 의식하지 않아도 자연스레 몸이 먼저 깨는 것처럼 말이지.

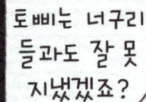

# 브로콜리 사태

"좋아하는 채소는 뭐야? 당근은 당연히 좋아하겠지? 시금치는? 겨울 시금치가 그렇게 달고 맛이 좋다니까. 너도 알지? 끓는 물에 살짝 데쳐서……."

"응응. 그래그래."

양두는 채소 하나를 볼 때마다 갖은 지식을 뽐냈어. 지친 토삐는 영혼 없이 대답했지.

'내가 대체 왜 이 녀석과 장을 보러 왔을까?'

토삐는 후회했지만 이미 늦은 일이었지. 장바구니는 과일, 채소, 생필품 등으로 금세 가득 찼어.

"오오! 브로콜리도 사자. 브로콜리에는 말이야……."

　　토삐는 양두 말에 고개를 절레절레 저었어. 그 모습을 본 양두는 얼른 파프리카를 집어 들었지.

　"싫어? 그렇다면 파프리카로 하자! 파프리카를 길게 썰어서…… 너 월남쌈이라고 알아? 라이스 페이퍼를 따뜻한 물에 적셔서 넓게 펼친 다음, 거기에 파프리카, 당근, 파인애플, 어린 새싹 등을 넣고 취향껏 땅콩 소스나 칠리 소스를 뿌려서 돌돌 말아 먹으면! 얼마나 맛있게요?"

　"하아…… 그래. 무척 맛있겠다."

　토삐는 자기도 모르게 한숨이 나왔어. 앞으로는 절대 양두와 장을 보러 오지 않겠다고 다짐했지.

　그나저나 토삐는 양두에게 조금 서운한 마음이 들었어. 브로콜리가 왜 싫은지 양두가 물어봐 주길 내심 기다렸거든. 브로콜리 알레르기가 있다고 말할 참이었는

데……. 브로콜리가 들어간 음식을 조금이라도 먹으면 온몸이 붓고 심하면 기도까지 부어 죽을 수도 있거든.

하지만 토삐는 굳이 속사정을 이야기하지 않기로 했어. 친구가 궁금해 하지 않는 이야기는 애써 말하지 않는 토삐였지. 나에 대해 떠들어 대는 건 어색하고 민망했거든.

그래도 어쩐지 양두에게만큼은 자기 이야기를 조금은 해 주고 싶다는 생각이 들었어. 언젠가 지나가듯 양두가 다시 물으면 그때 이야기해 줘야겠다고 생각했지.

"이리 줘. 내가 다 들게!"

"그렇지만, 넌 이미……!"

장보기를 마치고 집으로 돌아가는 길, 양두는 이미 양손 가득 물건을 들고 있었지만 토삐 손에 쥐어진 또 다른 장바구니 하나를 더 빼앗아 들었어.

"이래 봬도 내가 팔 힘이 세다고! 어서 가자! 오늘 장 본 재료로 내가 맛있는 저녁을 해 줄게!"

"아, 아니 그게……!"

양두는 어깨에 하나, 양손에 하나씩 짐을 잔뜩 들고는 앞장서 걸어갔어. 짐은 무척 무거워 보였지만 왠지 양두 발걸음은 신나 보였지.

하지만 토삐 마음은 달랐어. 짐을 똑같이 나누어 들었으면 좋겠다고 생각했어. 양두에게 피해를 주는 것 같았거든. 토삐는 누군가에게 신세 지는 일을 무척이나 싫어했지. 누군가는 이런 토삐 모습이 냉정하고 정이 없다고 여겼어. 하지만 이건 상대를 배려하는 토삐만의 방식이기도 했지.

'그나저나, 저녁을 해 준다고? 설마 우리 집에서? 저녁까지 같이 먹어야 한단 말이야? 아, 아니 그보다…… 우리 집에 들어가 요리를 하겠다고?'

토삐는 설마 하는 마음에 고개를 도리도리 저었어. 토삐는 그 누구도 자기 집에 들이고 싶지 않았거든. 양 떼 마을에 온 지 며칠이나 지났다고 양을 벌써 집에 들인다니! 고슴도치 마을에서 된통 당했었던 기억이 떠올랐어. 양두 역시 한번 집에 들이기 시작하면 결국엔 제멋대로 아무 때나 집에 쳐들어올 게 뻔했지.

"토삐야, 어서 문 열어 줘!"

양두는 대문 앞에 잠시 짐을 내려놓고 토삐를 재촉했어. 토삐는 발걸음이 무거웠지.

'어떻게 거절하지? 이젠 정말 혼자서 쉬고 싶어.'

토삐는 일부러 대문 앞까지 천천히, 또 천천히 걸었어.

"아이참. 얼른 오라니까? 내가 진짜 맛있는 요리를 해 줄게!"

"저, 그게 말이야 양두야. 그러니까 오늘 함께 장을 보러 다녀와 준 건 무척 고마운데 말이지……."

토삐는 또다시 제멋대로 굴려는 양두가 짜증이 났지만 최대한 부드러운 목소리로 말하려고 노력했어. 양두에게 고마운 건 사실이었으니까.

"됐어 됐어! 이야기는 들어가서 마저 하자고! 열쇠 어딨어? 여기? 여기?"

양두는 요리할 생각에 신나서 토삐에게 다가가 토삐 바지 주머니 여기저기를 만져 댔어.

"너, 너 지금 뭐하는 거야아!!!"

화들짝 놀란 토삐는 결국 빼액― 소리를 지르고 말았어. 갑자기 소리를 지르는 토삐 때문에 양두는 깜짝 놀랐지.

"아, 아니 그게…… 나, 나는 열쇠를 찾으려고……."

"요리고 나발이고 다 필요 없어! 당장 네 집으로 돌아가! 정신머

리 없는 녀석 같으니! 만지긴 어딜 만져! 내 몸에 손대지 마!!!"

토삐는 발까지 쾅쾅 구르며 양두에게 소리쳤어.

'도대체가 좋은 말로 말하면 들어먹지를 않는다니까!'

화가 난 토삐는 그대로 대문을 열고 혼자 들어가 버렸어. 물론 대문을 있는 대로 쾅! 하고 닫는 것도 잊지 않았지.

"토, 토삐야……."

양두는 또다시 대문 앞에 홀로 남게 됐어. 대체 토삐가 왜 다시 화가 났는지 알 길이 없었지. 분명 집에 오는 길에 요리를 해 주 겠다는 말에 별다른 말이 없던 토삐였거든. 양두는 그래서 토삐도 당연히 자신의 제안을 승낙한 것이라 여겼어. 싫었다면 왜 말하지 않은 건지 도무지 이해할 수가 없었어.

양두는 왠지 어깨가 축 처졌어.

"토삐와는 대체 언제쯤 친해질 수 있을까. 그래도 조금은 가까 워졌다고 생각했는데……. 내 착각이었던 걸까."

양두는 굳게 닫힌 토삐네 집 대문을 바라보았어. 마치 그 모습 이 토삐 마음 같다고 느꼈어. 조금은 마음을 열어 주면 좋겠는데 말이야.

"어쨌든 토삐 주머니를 함부로 뒤진 건 내 잘못이야. 기분 나쁠

만해. 휴, 내일은 다른 양들과 놀러 와 볼까? 어떻게든 토삐 마음을 풀어 줘야겠다!"

양두는 얼른 제 행동을 반성했어. 그리고 내일은 다른 양 친구들과 토삐네 집으로 놀러 와야겠다고 생각했지. 다른 양 친구들과 재밌게 놀면 토삐 마음도 누그러질 거라 생각했어.

그나저나 양두는 토삐가 조금 걱정됐어. 화가 나 저녁도 챙겨 먹지 않고 그냥 잘까 봐서 말이야. 하지만 다시 토삐네 대문을 두드릴 용기가 나질 않았어. 그냥 토삐 마음이 조금 수그러들 때까지 기다리는 게 좋겠다고 여겼지. 양두는 그렇게 집으로 돌아갔어.

한편, 화가 잔뜩 나 집으로 들어간 토삐는 커튼 뒤에 숨어 대문 밖 양두 모습을 지켜보고 있었어. 뭐라고 혼자 중얼거리는 듯하던

양두는 곧 돌아가 버렸지. 토삐는 그 모습에 다시 화가 나려고 했어. 양두 성격이라면 다시 초인종을 누르고 자신을 불러 미안하다고 사과해 줄줄 알았거든.

'저 녀석이 진짜?'

양두에게 또다시 소리 질러 버린 일은 잘못했지만 그래도 갑작스레 바지 주머니를 뒤진 건 양두에게 사과 받고 싶었어. 양두가 사과한다면 자기도 소리 지른 일은 미안하다고 할 참이었지. 하지만 그냥 돌아가 버리다니. 토삐는 그런 양두가 괘씸했어. 평소엔 그렇게 말 많은 녀석이 사과에는 인색하다고 생각하니 무척 서운했어.

토삐는 스마트폰을 꺼내 부엉 씨에게 문자를 보내기 시작했어. 도무지 양두 행동을 이해할 수가 없었거든.

"흠……."

 그저 속도가 다를 뿐 아니겠는가? 양두는 자네와 하루라도 더 빨리 친해지고 싶은 듯한데…….

난 아직 마음의 준비가 덜 되었다고! 그래도 친구가 되려면 상대방 속도에 맞춰야 하는 거야? 그게 동물 세계의 암묵적인 규칙인 건가?

 아니 절대 그렇지 않지. 양두가 누군가를 사귀는 데 그리 오랜 시간이 걸리지 않는다고 해서 자네 또한 그럴 필요는 없어. 다만 양두에게 분명히 이야기해 주는 게 좋겠다는 생각이 드는군. 자네 또한 양두와 친구가 되고 싶지만 모든 게 너무 급작스럽다고 말이야.

토삐는 부엉 씨 문자를 읽고 생각에 잠겼어. 하루라도 빨리 나와 친해지고 싶어 그런 거라고? 친해지고 싶다면 좀 더 예의를 갖춰야 하는 게 아닌가? 새벽같이 찾아와 정신없이 초인종을 눌러 대고, 초대도 받지 않은 집에 들어가 제멋대로 요리를 하려는 게 정말 나와 친해지고 싶어 그런 거라고? 정말이지 누군가와 관계를 맺는다는 건 한없이 어렵다고 느꼈어.

다음 날 아침, 토삐는 퀭한 눈으로 겨우 잠자리에서 일어났어. 밤새 이런저런 생각에 잠을 설쳤지.

"으음, 피곤하군. 오늘은 정말 그 누구도 만나고 싶지 않아."

토삐는 눈을 반쯤 뜬 채 혼자 중얼거렸어. 양 떼 마을에 이사 온 지 고작 사흘밖에 지나지 않았지만, 무척 많은 일이 있었던 듯했어. 그때였어.

띵동— 띵동띵동—

"아악! 또 누구야!!"

토삐는 오늘도 어김없이 울리는 초인종 소리에 주저앉고 말았어. 도대체 양 떼 마을이 평화롭다고 누가 그랬지? 단 하루도 조용히 있을 수가 없는데 어디가 평화로운 거냐고 대체!

"토삐야! 일어났니? 문 좀 열어 줘!"

"하아…… 또 양두 너니."

토삐는 커튼 뒤에서 누가 왔는지 살폈어. 예상대로 양두가 서 있었지. 하지만 양두 옆에는 두 마리의 양이 더 있었어. 토삐는 정신이 번쩍 들었어.

"저, 저 양들은 또 뭐야?"

토삐는 계속 자는 척을 할까 고민했어. 행여나 '양두가 저 양들을 데리고 집 안으로 들어오려고 하면 어쩌지?' 하는 걱정이 됐지. 그럼 이번에도 화를 참지 못할 것만 같았어.

"안 되겠다!"

드르륵.

"잠깐만 기다려! 곧 나갈게!"

뭔가를 결심한 듯한 토삐는 창문을 활짝 열고 대문 밖 양두에게 소리쳤어. 양두는 토삐를 보고 반가운 마음에 휘적휘적 크게 손을 흔들었어. 토삐는 급하게 주방으로 향했어. 마당 벤치에서 양들에게 다과를 대접할 생각이었지.

'집 안엔 절대 들이지 않을 거야!'

토삐는 달그락달그락 소리를 내며 쟁반에 차와 쿠키를 담아 마

당으로 향했어. 양두는 토뻬를 보고 반가워 어쩔 줄 몰랐어.

"봤지? 토뻬가 저렇대도. 우리에게 다과를 대접하려나 봐!"

양두는 친구들에게 토뻬 자랑을 했어.

토뻬는 벤치 위에 쟁반을 올려놓고 얼른 대문을 열었어. 표정은 최대한 밝게, 목소리는 할 수 있는 한 상냥하게 한 채 말이야.

"어서 와 양두야. 그런데 이 양들은…… 누구?"

"이쪽은 양치, 그리고 이쪽은 양실이야! 양 떼 마을에서 나와 제일 친한 친구들이지. 토뻬 네게도 소개해 주고 싶어서 이렇게 데리고 왔어!"

양두는 잔뜩 신이 나 토뻬에게 제 친구들을 소개했어. 토뻬는 애써 이를 꽉 깨물고 웃어 보였지.

'이 녀석 어제 일은 벌써 다 잊은 건가? 정말 아무렇지도 않게 행동하는군.'

사실 토뻬는 밤새 양두와 있었던 일에 대해 생각하고 또 생각했어. 날이 밝으면 양두에게 소리 지른 일에 대해 어떻게 사과하면 좋을지 고민했지. 그리고 부엉 씨 조언대로 친구가 되는 건 좋지만 조금 천천히 했으면 좋겠다는 말도 하려고 했어. 하지만 양두는 오늘도 틈을 주지 않았지.

"반가워 토삐야! 네가 그렇게 잘 삐져서 이름이 토삐라며? 우하하하하하!"

"무, 뭐어?"

"아! 아니야! 아니야! 토삐야! 이 녀석이 그냥 장난치는 거야! 진짜야! 오해 마, 정말이라고!!"

양실이라는 녀석은 대뜸 토삐에게 장난을 걸었어. 사실 잘 삐쳐서 토삐냐는 말을 한두 번 들었던 게 아니야. 그런데 양 떼 마을에서조차 이런 소리를 듣다니! 토삐는 금세 화르르 속이 들끓었어.

양두는 얼른 토삐 마음을 알아차리고 중재를 위해 나섰어.

"어이쿠, 이 녀석이 또 시작이네. 토삐야, 네가 이해해. 이 녀석 입만 열면 실없는 소리를 하기로 유명한 애니까. 얘야말로 그래서 이름이 양실이가 아닌가 싶다니까. 푸흐흐."

양두의 또 다른 친구 양치도 토삐를 위로했어.

"다, 다들 이리로 와서 차 좀 들어. 우, 우리 집에 온 걸 환영해."

토삐는 애써 마음을 추스르고 양들을 마당 한 켠으로 불러 모았지. 다들 얼른 먹고 갔으면 좋겠다는 생각도 했어.

"양두 말이, 전시장 말고 너희 집에도 네 당근 조각품이 있다던데……. 우리도 구경해도 될까?"

양치가 눈을 반짝이며 물었어.

"그, 그래. 조각품들은 저쪽에 있어."

토삐는 창고 쪽을 가리켰어. 토삐가 양 떼 마을에 이사를 오자마자 가장 먼저 한 일이 바로 조각품을 정리해서 전시해 놓는 일이었어. 조각품은 토삐 그 자체였어. 매번 토삐가 느끼는 감정, 의지, 신념 따위를 당근 조각품으로 만들어 표현했지.

토삐는 양들에게 조각품을 보여 주는 게 조금 민망하기도 했어. 자기 자신을 있는 그대로 보여 주는 듯한 느낌이 들었거든.

"야, 이건 꼭 똥같이 생겼다. 크크."

토삐 작품을 구경하던 양실이란 녀석이 킥킥거리며 양치 귀에 대고 소곤댔어.

"조용히 해 좀!"

옆에서 듣고 있던 양두가 양실이 등을 쿡 찌르며 눈치를 줬어. 양두는 토삐가 들을까 조마조마했지.

"그거 똥 맞아."

뒤에서 양들 대화를 듣고 있던 토삐는 심드렁하게 말했어.

"거봐! 내 말 맞지? 우하하하!"

"그 작품 제목은 '어쩔 수 없어'야."

"어쩔 수 없어? 뭘 어쩔 수 없어? 똥을? 우히히히!"

양실이는 또 히죽거리며 토삐에게 물었어.

"똥이 더럽고 냄새난다 한들 우리가 똥을 안 누고 살 수 있어? 마찬가지로 우리가 슬프고 힘들고 지치고 그럴 때 그 기분을 그저 느끼는 거 말고는 어쩔 도리가 없다는 생각으로 만들게 된 작품이야. 부정적인 감정은 어쩔 수 없는 똥과 같아."

"감정이 똥이라니 말도 안 돼! 쿠하하하!"

"오…… 뭔가 심오해. 일리 있어, 일리 있다고."

토삐의 '어쩔 수 없어'라는 작품을 두고 양실이와 양치는 다른 반응을 보였어.

토삐는 그 또한 어쩔 수 없다고 생각했어. 누군가는 자신의 작품을 보고 작품을 만든 의도를 오롯이 이해하기도 하지만 또 다른 누군가는 그저 신나게 웃고 말 수도 있다고 생각했거든.

한편 양두는 토삐 설명을 듣고 괜히 마음이 짠해졌어. '똥'이란 소재는 분명 웃기고 재밌지만 그걸 만들게 된 토삐 마음은 마냥 신나지만은 않았을 듯했거든.

"아! 맞다! 우리 선물 사 왔잖아! 토삐야, 자 이거!"

"이, 이게 뭐야?"

양두는 커다란 선물 꾸러미를 토삐에게 내밀었어.

"양치랑 양실이가 너희 집에 빈손으로 올 수 없다고 무엇을 사 가면 좋냐고 묻길래 이걸 사 왔지! 그건 바로 브.로.콜.리!"

"무, 뭐? 브로콜리?"

"너 브로콜리는 맛없어서 안 먹는 거지? 편식은 나빠요! 내가 브로콜리도 얼마든지 맛있게 먹을 수 있다는 걸 알려 줄게!"

양두가 내민 브로콜리를 보며 토삐 눈동자가 심하게 흔들렸어. 토삐는 양두에게 배신감을 느꼈어. 어제 분명 함께 장을 보면서 토삐는 브로콜리가 싫다고 했는데. 어쩜 양두는 그걸 싹 무시하고 심지어 선물로 브로콜리를 가지고 온 걸까!

"양두 너! 너 대체 나한테 왜 이러는 거야!! 브로콜리라니! 브로

콜리라니이이!!!!"

　토삐는 결국 다시 화를 내고 말았어.

"왜, 왜 또 이러는 거야? 토삐야……!"

　양두 역시 또다시 당황하지 않을 수 없었지. 영문을 알 길이 없는 양치와 양실이도 덩달아 당황했어.

"내가 어제 분명 브로콜리는 싫다고 했을 텐데?"

토삐 눈에는 불꽃이 이글이글 타올랐어. 양두에게만큼은 브로콜리를 먹지 못하는 이유에 관해서 설명해 주려고 했는데. 브로콜리가 싫다는 제 뜻을 무시한 채 브로콜리를 선물로 내민 양두가 너무너무 미웠어.

"아니, 넌 그냥 고개만 저었잖아! 싫냐고 묻는 내 말에 대답 없길래 난 네가 편식하는 거라 여겼어. 그리고 브로콜리가 왜 싫어! 얼마나 영양가 많고 맛있는 채소인데! 이걸 끓는 물에 살짝 데쳐서 초장에 콕 찍어 먹으면……."

"그만! 제발 그만해에!!! 정말이지 지쳤어. 난 브로콜리를 먹으면 온몸에 두드러기가 올라온다고! 브로콜리가 그저 싫은 게 아니라 못.먹.는.다.고오!!!"

토삐는 한 번 더 꽥! 소리를 질렀어. 매번 토삐의 화난 모습을 이해하려 했던 양두도 이번만큼은 단단히 화가 나 보였어.

"그럼 그렇게 말을 해 주지 그랬어! 네가 그저 고개만 저으면 내가 어떻게 알아? 두드러기가 올라온다는 말을 왜 지금에서야 하느냐고!"

"그, 그거야! 왜 브로콜리를 먹지 않는지 네가 묻지 않았잖아!

그렇게 쉼 없이 수다를 쏟아 내면서 내가 브로콜리를 안 먹는지는 왜 물어보지 않는 건데? 네가 정말로 나와 친구로 지내고 싶은 건 맞니? 나와 친해지고 싶다면서 언제나 넌, 네 말만 했어!"

"토, 토삐 너어! 어떻게 말을 그렇게 할 수가 있어? 네가 늘 말이 없으니까 어떻게든 대화가 끊기지 않게 하려고 이런저런 이야기를 꺼냈을 뿐이야. 나라고 힘든 게 없었는 줄 알아? 있는 말 없는 말 모두 끌어다 하느라 나도 목이 아프고 힘들었다고!"

"허? 날 위해서 말을 했다고? 웃기지 마!! 이 브로콜리나 가지고 내 집에서 썩 나가!!!"

"너, 너 진짜아!! 나도 너한테 서운해! 매번 입 꾹 다물고 있다가 이렇게 갑자기 불같이 화내며 쫓아내는 걸 난 벌써 몇 번이나 당했어! 내가 아무리 뒤돌아서면 잊어버리는 양이라지만 나도 상처받는다고! 정말이지 너무해!"

"얘, 얘들아……!"

토삐와 양두는 심하게 말다툼했어. 그리고 그 광경을 지켜보던 양치와 양실이는 둘을 말리려 애썼지. 하지만 소용없는 일이었어.

"내일 다시 올게."

"내일은 무슨? 다시는 우리 집에 오지 마!"

양두가 뒤돌아서 대문으로 향하자 토삐는 양두 등에 대고 한 번 더 소리쳤어.

실은 이대로 양두가 가는 게 싫었어. 싸울 때 싸우더라도 서로 하고 싶은 이야기를 다 했으면 좋겠다고 생각했지. 하지만 그마저도 쉽게 말할 수 없는 토삐였어.

"얘들아, 이러지 마. 양두야!"

"양두가 이렇게까지 화를 내는 애가 아닌데. 에휴, 다음에 보자 토삐야. 우리도 갈게."

양실이와 양치도 하는 수 없이 양두를 따라나섰어. 모두가 돌아가고 난 뒤 토삐는 씩씩대며 거세게 대문을 닫아 버렸어. 토삐는 양두를 향한 제 마음도 대문만큼이나 굳게 닫히는 듯한 느낌이 들었어.

"이럴 줄 알았다니까. 말 많은 양들은 나랑 어울리지 않아!"

토삐는 쿵쾅거리며 집으로 들어갔어.

"짐을 다 풀지 않길 잘했군. 차라리 잘 됐어. 다른 곳을 찾아 떠날 거야!"

여전히 분한 마음이 가시질 않는 토삐는 괜히 허공에다 대고 소리쳤어. 그 어떤 동물보다 양두에게만큼은 마음의 문을 활짝 열었다고 자부했었는데. 역시 제 마음을 알아주는 동물은 그 어디에도 없다고 생각했어.

"떠날래. 정말 여긴 아니야."

토삐는 울컥 눈물이 났어. 방에서 여행 가방을 꺼내 온 토삐는 다시 짐을 싸기 시작했어.

# 마음을 말로 다 표현할 수 있을까?

마음을 잘 표현하는 방법을 알려 주세요!

마음을 말로 다 표현할 수 있다고 생각하니?

양두는 자신의 마음을 말로 잘 표현하지만, 토삐는 자신의 마음을 말로 표현하는 것이 어려운 친구인 것 같아요.

마음을 말로 전부 표현하기는 어려울 것 같아요. 친한 친구랑 놀 때도 미운 마음이 들었다가 좋은 마음도 드는데, 그걸 일일이 다 말로 표현하면 제가 너무 오락가락하는 사람이 될 것 같아요.

내가 잘 모르는 것은 말로 할 수 없잖아요. 예를 들어 아인슈타인 박사의 상대성 이론은 내가 모르니까 말할 수 없듯이 내 마음을 나도 모를 때는 말로 하기 어려워요.

그래도 사람은 자신의 마음을 말로 설명하는 연습이 필요할 것 같아요. 토삐처럼 자신의 마음을 솔직하게 말하지 못하면, 오해가 생길 수도 있어요.

## 소쌤의 창의특강

## 다른 사람의 마음을 어떻게 알 수 있을까?

'열 길 물속은 알아도 한 길 사람 속은 모른다.'는 말처럼 사람의 마음은 알기 쉽지 않지. 물은 아주 깊더라도 들어가 볼 수 있지만, 사람의 마음 속은 들어가서 직접 볼 수 없기 때문에 진짜로 알기는 어려울 것 같아.

완전히 알기는 어렵지만, 우리는 사람들의 마음을 어느 정도 읽고 있지. 마음은 표정과 행동으로 드러나기 마련이거든.

반언어적 표현은 목소리 크기나 말의 빠르기, 말투 등과 같이 말을 할 때 나타나는 음성 표현이야.

비언어적 표현은 몸짓이나 손짓, 표정, 시선, 자세 등으로 자신의 생각이나 느낌을 나타내는 것을 뜻해.

그래서 우리는 이야기할 때 상대방의 얼굴을 잘 봐야 하지. 얼굴은 우리 신체 가운데 가장 많은 표현을 할 수 있는 부분이야. 눈동자, 입, 눈썹, 얼굴 근육 등의 움직임이나 안색, 땀 등의 수단을 통해 수많은 신호를 보내.

입술 부근 또한 표현 능력이 풍부한 부분이야. 위쪽으로 올라간 입술은 만족이나 즐거움을 나타내고, 아래쪽으로 휘어진 입술은 불만이나 슬픔 또는 절망을 표현하지. 이처럼 언어적 표현, 비언어적 표현, 반언어적 표현을 종합적으로 관찰하다 보면 다른 사람의 마음을 알 수 있지.

## 드디어 알게 된 서로의 마음

"그, 그건 좀 곤란하네! 토삐, 이사 간 지 며칠이나 됐다고 또 새로운 보금자리를 찾는 건가. 조금 더 버텨 보게!"

"아니야. 역시 떠나는 게 좋겠어. 말 많은 양은 나와 어울리지 않아."

토삐는 스마트폰 화면 속 부엉 씨를 향해 고개를 절레절레 흔들며 말했어. 토삐 말에 부엉 씨는 퍽 난감한 표정이 되었지.

"흐음, 자네가 그렇게 완강히 이야기하니 다시 알아보겠네만…… 당장은 힘들다네. 시간을 좀 주게나."

"그래. 얼마나 기다려야 할까? 하루라도 빨리 떠나고 싶은데."

토삐는 괜히 시계를 쳐다봤어. 토삐의 답답한 마음처럼 시간도 더디게 흐르는 듯했어.

그날 이후 양두에게선 아무런 소식이 없었어. 매일같이 토삐 집을 찾아오던 양두였지만 더는 오지 않았지. 토삐는 자기도 모르게 양두를 기다리고 있었어. 늘 그랬듯 양두가 아무렇지 않게 자길 찾아올 줄만 알았는데 이번엔 달랐어.

"산책하러 나가야겠군."

토삐는 집 밖으로 나왔어. 괜히 양두네 집을 슬쩍 쳐다보며 근처에서 잠시 서성였어. 벨을 눌러 볼까 고민도 했지. 양두가 보고 싶었어. 미안하다는 말도 하고 싶었지만 선뜻 용기가 나질 않았어. 양두가 자기를 더 찾아오

지 않는 걸 보면 양두도 단단히 화가 난 게 분명했으니까. 화가 난 친구의 마음을 어떻게 풀어 줘야 할지를 몰라 항상 줄행랑을 치는 토삐였지.

"이게 누군가? 토삐 아닌가! 이렇게 보니 반갑구먼. 그동안 잘 지냈는가?"

토삐는 자신을 부르는 목소리에 고개를 돌렸어. 나무 그늘 아래 놓인 벤치에 양두 할아버지와 할머니가 나란히 앉아 있었어. 볕이 제법 따뜻한 날이었거든. 양두 할아버지는 정처 없이 걷고 있는 토삐를 발견하고 인사를 건넸어.

"아, 안녕하세요."

토삐는 어색하게 웃으며 인사했어. 토삐가 양두와 싸운 일을 양두 할머니, 할아버지가 알지도 모른다는 생각이 들었지.

"점심은 먹었니? 왠지 얼굴이 핼쑥해 보이네."

양두 할머니는 따뜻한 목소리로 물었어. 마음이 심란한 차였는데 한없이 다정한 양두 할머니 목소리를 들으니 토삐는 코끝이 찡해졌어.

"네, 두 분은 여기서 무얼 하고 계시나요?"

토삐는 짐짓 괜찮은 척 목소리를 가다듬고 노부부에게 물었어.

"간만에 날씨가 좋아 이렇게 나와서 볕을 쬐고 있다네. 식물만 광합성이 필요한 게 아닐세. 집 안에만 있으면 왠지 기분이 울적해지곤 하지. 자네도 이리 와 앉게."

양두 할아버지는 자신의 옆자리를 툭툭 치며 말했어.

"아니 저는……."

"그러지 말고 이리 와 앉으렴. 양두와 좀 다퉜다지?"

"네? 아, 그게……."

역시 그들은 알고 있었어. 양두 할머니 말에 토삐는 민망해졌어. 그래도 왠지 그들 곁에 앉고 싶었어. 토삐는 용기를 내 양두 할아버지 옆에 앉았지.

"친구끼리 싸울 수도 있지 뭘 그래. 내가 양두 조부모라고 해서 양두 편만 들지는 않는다네. 허허."

양두 할아버지 말에 토삐는 아무런 말도 할 수 없었어. 친구끼리 싸울 수도 있다는 말이 좀처럼 이해가 되지 않았거든.

"양두는 속상한 일이 생기면 긴 잠에 빠진단다. 조금 기다려 볼래? 충분히 자고 일어나면 또 언제 그랬냐는 듯 토삐네 집으로 달

려갈 테니."

 양두 할머니는 활짝 웃으면서 민망하고 어색해 하는 토삐를 달래 주었지.

 "아, 아니요. 전 곧 다시 이사를 가려고 해요. 아무래도 이곳 생활이 저에게는 맞지 않는 것 같아요."

 "엥? 무슨 그런 말을 하는가. 이사 온 지 며칠이나 됐다고. 조금 기다려 보게나. 양두 할머니 말대로 양두가 잠에서 깨고 나면 제일 먼저 토삐 자네 집으로 달려갈 걸세. 친구끼리 싸우기도 하고 화해도 하면서 사이가 더 돈독해지는 법이잖나. 그동안 여기저기를 많이 떠돌았다고 들었네. 이젠 그 생활도 그만 청산해야지. 그 누구보다 힘든 건 토삐 자네잖나."

 "하지만 전……."

 양두 할아버지 말에 토삐 눈에 눈물이 그렁그렁 맺혔어. 친구끼리는 싸울 수도 있고 그러면서 사이가 더 돈독해진다는 말을 난생 처음 듣는 토삐였지. 떠도는 삶을 살며 지칠 대로 지친 토삐를 양두 할아버지는 꿰뚫어 보고 있는 듯했어.

 "진짜로 친구끼리는 싸우고 화해하면서 사이가 더 좋아질 수 있나요? 전 이번에도 친구 사귀는 일에 실패했다고 생각했어요.

양두와 싸우고 무척 괴로웠어요. '왜 나는 누구와도 친해질 수 없을까? 난 왜 이렇게 괴팍한 걸까? 대체 어떻게 해야 모두와 잘 지낼 수 있는 걸까?' 밤새 생각했지만 전 잘 모르겠어요."

토삐는 봇물 터지듯 제 마음을 털어놨어. 자기 이야기를 먼저 꺼내는 법이 없는 토삐였지만 양두 할머니 할아버지 앞에선 이상하게 말문이 열렸지.

"모두와 잘 지낸다고? 세상에 모든 이와 한 번도 싸우지 않고 잘 지내는 동물은 결코 없다네. 누구와는 잘 지낼 수도 있지만, 또 누구와는 잘 못 지낼 수도 있지. 하지만 그렇다고 해서 자네가 나쁜 토끼가 되는 건 아니야. 그저 자네와 맞지 않는 친구들을 만난 것뿐이라네."

양두 할아버지 말에 토삐 눈에서 눈물이 또르르 흘렀어.

"모두 절 나쁜 토끼라고 손가락질하는 것 같아요. 지나치게 예민하고, 사소한 것에도 의미를 부여한다며 피곤하다고들 하죠. 그러면서 제게 문을 열어 달라고 해요. 하지만 함부로 문을 열었다간 난리가 나죠. 온 집안을 헤집고 다니는 통에 난장판이 되는데 전 그게 너무나도 싫어요. 친구라면 그냥 참아야 하는 걸까요? 처음엔 저도 참아 보려고 하지만 내가 화를 안 내면 상대는 모르죠.

결국 내가 화를 내야만 멈추곤 해요."

"참는다니 뭘 참는다는 말인가? 집에 들어오라고 허락했지, 난장판을 만들라고 한 적은 없지 않은가? 그렇다면 말을 해 줘야지. 그걸 그냥 참고 지켜보다가 결국엔 화를 내는 건가?"

"다른 동물 집에 들어와서 난장판을 만들면 안 된다는 말을 꼭 해 줘야 아나요? 그건 당연한 예의 아닌가요?"

"흐음, 글쎄. 누군가는 친구 집을 함께 엉망진창으로 만들고 나서 집에 돌아가기 전에 청소해 주면 된다고 생각하기도 한다네. 양두처럼 말이야. 양두는 요리하는 걸 무척 좋아하거든. 특히 자기가 좋아하는 친구에게는 늘 맛있는 요리를 해 준다네. 그러고는 그 친구 집 주방을 아주 깨끗하게 청소까지 해 주고 돌아오지. 좋아하는 친구에 대한 마음을 표현하는 양두만의 방식이라네. 물론 자네는 이 방법이 싫을 수 있지. 그렇다면 양두에게 다른 방법은 없는지 물어볼 수도 있을 텐데 말이야."

"아……."

양두 할아버지 말에 토삐는 무엇인가에 한 대 얻어맞은 듯한 기분이었어. 양두에게 정작 제 마음을 솔직히 표현한 적도 없으면서 양두의 마음을 제멋대로 오해했다는 걸 깨달

앉거든.

"누군가의 마음을 헤아린다는 게 참으로 쉽지 않은 일이지. 그러니 자네도 좋아하는 친구에게만큼은 자네 마음을 솔직하게 말해 주는 게 어떻겠는가? 아침부터 초인종을 눌러 대는 일은 조금 참아 주면 좋겠다고. 아직 너에게 주방까지 내어 주기엔 마음의 준비가 되지 않았다고 말일세. 허허허."

정말이지 양두 할아버지는 토삐 마음을 꿰뚫어 보고 있었어. 하지만 토삐는 여전히 이해가 되질 않았지.

"그렇게 다 솔직히 말하다가 친구가 절 떠나 버리면 어쩌죠?"

"자네가 불편하고 힘들다고 말하는데 그 이유로 자넬 떠난다고? 흠, 그렇다면 그런 동물과는 굳이 친구 하지 않아도 될 걸세. 자기 마음만 중요하고 상대방 마음은 안중에도 없는 이기적인 동물이니까 말이야. 하지만 대부분의 동물들은 친구가 불편하고 힘들다고 말하면 그 마음을 존중해 준다네. 자네는 어떤가? 양두가 자네더러 손이 아프니 짐을 좀 들어 달라고 부탁했다면? 짐도 혼자 못 드는 나약한 녀석이라고 욕할 텐가?"

"아, 아니요! 물론 같이 들어 주죠, 당연히!"

"마찬가지라네. 자네가 양두를 좋아하듯 양두도 자네를 아주 좋은 친구로 여기고 있지. 양두 마음을 좀 믿어 주게나."

양두 할아버지와 할머니는 토삐를 보며 따뜻하게 미소를 지었어. 그러고는 토삐를 안아 주었지. 어떠한 말보다 그 포옹은 토삐를 가장 크게 위로했어. 마치 토삐에게 '떠나지 마. 이곳에 머물러도 괜찮아.'라고 이야기하는 듯했지.

다음 날 양두는 아침 일찍 토삐네를 찾아왔어. 평소처럼 초인종을 마구 누르려다 멈칫했어. 그러고는 작은 목소리로 "토삐야-" 하고 먼저 불러 보았지.

이른 아침부터 깨어 있던 토삐는 양두 목소리를 들었어. 워낙에 귀가 밝기도 했지만, 양두가 집으로 찾아와 주지는 않을까 저도 모르게 계속 기다리고 있던 토삐였거든. 양두 목소리에 토삐는 자리를 박차고 일어나 곧바로 현관 밖으로 달려 나갔어.

"어? 토삐야! 내 목소리 들었어? 진짜 작게 말했는데."

"헥헥. 어, 나 원래 귀가 무척 밝아. 아침부터 웬일이야?"

토삐는 숨을 고르며 양두에게 물었어. 양두가 와 준 게 무척 기쁘고 반가웠지만 자기도 모르게 그만 웬일이냐는 말이 먼저 튀어나왔지.

"저…… 그게 말이야. 할머니 할아버지께 들었어. 네가 양 떼 마을을 떠나려고 한다고 말이야. 사실이야?"

"응, 맞아. 나 곧 여길 떠날 거야."

양두의 물음에 토삐는 애써 담담한 척 말했어. 실은 이곳을 떠나고 싶지 않다고 말하고 싶었지만 왜인지 자꾸만 떠나야 할 것 같은 기분이 들었거든.

"가, 가지 마! 토삐야!"

양두는 다급하게 토삐에게 말했어. 가지 말라는 양두 목소리는 진심이었지. 양두 말에 토삐는 마음이 뜨거워졌어.

"내, 내가 미안해 토삐야. 너와 하루라도 더 빨리 친해지고 싶은 마음에 내가 네 마음을 헤아리지 못했어. 난 그저 너에게 뭐가 필요할까, 너에게 어떤 도움을 줄까 열심히 궁리했는데. 너는 다른 동물과 친해지려면 시간이 조금 필요한 토끼란 걸 내가 미처 몰랐어. 미안해."

양두는 토삐에게 진심으로 사과했어. 양두 말을 듣던 토삐는 갑자기 양두에게서 등을 돌렸어.

"토, 토삐야! 아직도 화가 많이 난 거야? 내가 미안해 정말. 그래도 떠나지 마. 가지 마, 토삐야."

양두는 등 돌린 토삐를 열심히 설득했어. 하지만 토삐는 화가 난 게 아니었어. 양두의 진심 어린 사과에 왈칵 눈물이 터져 나왔거든. 누군가에게 우는 모습을 보이는 건 창피하다고 생각해 온 토삐였어.

"아, 알겠어. 생각해 볼게."

"너 혹시 바로 떠나려고 짐도 벌써 다 싼 건 아니지? 그렇담, 짐 푸는 거 내가 도와줄게! 들어가자."

"양두야, 그건 내가 할게. 혼자서 생각할 시간이 필요해. 그래도 이렇게 먼저 와 주어서 고마워. 나도 늘 너에게 화만 내서 정말 미안했어."

토삐는 힘겹게 마음을 전했어. 그 말을 들은 양두는 씨익 웃어 보였지.

"그래, 알겠어. 근데 이거 네가 좋아하는 거 맞지? 산나물!"

양두의 말에 토삐는 얼른 고개를 돌렸어. 양두 손에는 정말로 토삐가 가장 좋아하는 산나물이 들려 있었지.

"너 어떻게 알았어? 내가 산나물 좋아한다는 걸?"

토삐는 정말 놀랐어. 양두에게 말한 적도 없는데 대체 그걸 어떻게 안 걸까 신기했지.

"우리 같이 시장에 갔던 날, 네가 산나물을 발견하고 기뻐했던 게 생각나서 말이야. 어릴 때 먹어 보고 못 먹은 지 한참 되었다고 혼잣말하는 거 들었거든. 화해의 선물로 받아 줘."

"고, 고마워."

토삐는 양두 눈을 쳐다보지 못한 채 고맙다는 인사를 건넸어.

"그럼 난 이만 가 볼게. 절대 말없이 떠나면 안 돼! 알겠지? 아니, 가지 마. 절대! 양 떼 마을에서 같이 오래오래 살자. 내가 꼭 너의 가장 좋은 친구가 되어 줄게! 우리 아직 못 한 게 많잖아. 마을 구경도 해야 하고, 내가 요리도 해 줘야 하고, 또……."

"알겠다니까 이 녀석아……. 또 시작이니 너!"

"앗! 미안해. 그럼 가 볼게. 안녕!"

자꾸만 말이 길어지는 양두 때문에 토삐는 또다시 피곤해지려 했어. 하지만 토삐도, 양두도 서로의 마음을 이제 이해하고 있었지. 토삐는 솔직하게 제 마음을 전했고 양두도 시간이 필요하다는 토삐 마음을 존중해 주었어.

양두는 얼른 집으로 돌아갔어.

토삐는 양두 뒷모습을 한참이나 바라보았지. 자기도 모르게 슬며시 입꼬리에 웃음이 걸렸어. 부엉 씨에게 새로운 보금자리 찾는

일을 그만두라고 문자를 보내야겠다고도 생각했지.

토삐는 대문을 열고 집으로 들어갔어. 쾅- 소리와 함께 대문은 다시 굳게 닫혔어.

현관으로 향하던 토삐는 갑자기 걸음을 멈추었어. 그러고는 다시 뒤돌아 대문으로 향했지.

"그냥 열어 두는 게 좋겠어."

토삐는 대문을 조금 열어 두었어. 언제든 양두가 마당 안으로 들어올 수 있게 말이야.

# 만일 나라면?

상대방에게 공감하는 방법을 배워야 할 것 같아.

공감은 다른 사람의 입장에서 그 사람이 경험한 것을 이해하거나 혹은 다른 사람의 감정을 생각해 보는 능력이란다. 공감은 사회 문제를 해결하는 데도 도움이 되지.

우리는 항상 다른 사람들과 함께 사니까, 나의 마음을 아는 것이 중요한 만큼 타인의 마음을 아는 것도 중요해.

응? 공감이 뭐야?

 여러분의 성격은 토삐에 가까운가요, 양두에 가까운가요? 서로의 마음을 터놓고 이야기하기 시작한 토삐와 양두처럼, 아래 보기를 보고 내 성격을 친구에게 설명하는 글을 써 보아요.

꼼꼼한 / 표현력 있는 / 정확한 / 활기찬 / 주저하는 / 공손한
참을성이 있는 / 무서움을 모르는 / 논리적인 / 온화한 / 신중한
차분한 / 놀기 좋아하는 / 인기 있는 / 수줍음을 타는 / 느긋한
엄격한 / 상냥한 / 말주변이 좋은 / 성실한 / 변덕스러운 / 감성적인
솔직한 / 충동적인 / 정돈된

내 친구 ○○○ 에게

 창의활동

## 마음에 밴드를 붙여요

토삐와 양두는 서로의 마음을 알지 못해서 답답해 했어요. 상대방을 탓하는 말 대신 서로를 위로하는 말을 적어 보아요.

양두야,

이 공부다!

# 인재를 위한
# 과서

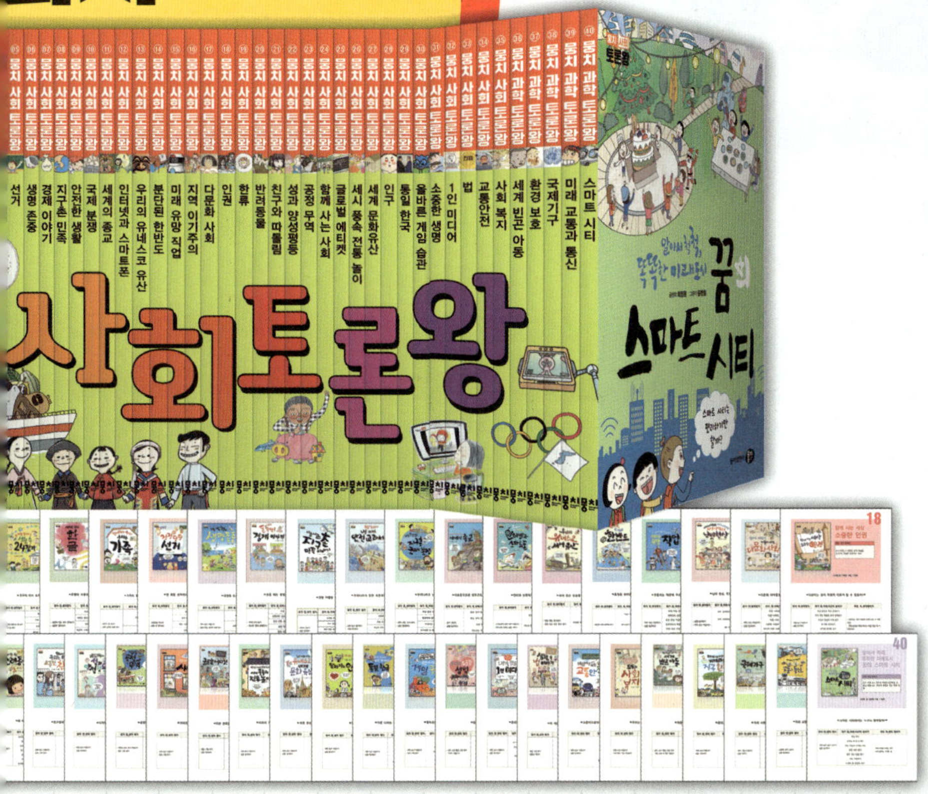


이제 토론이 공부다!
과학토론왕
과학토론왕 40권 + 독후활동지 40권
**전 80종 / 정가 580,000원**

이제 토론이 공부다!
사회토론왕
사회토론왕 40권 + 독후활동지 40권
**전 80종 / 정가 580,000원**

- 한우리 추천도서
- 경향신문 추천도서
- 경기도 초등토론 교육연구회 추천
- 경기도 지부 독서 골든벨 선정도서
- 환경정의 어린이 환경책 권장도서
- 한국 아동문학인협회 우수도서
- 학교도서관 사서협의회 추천도서

## ㅓ 선정 도서! ✓활용 만점 독후 활동지 각 권 제공!
## 문가들이 강력 추천한 책!

01 우리 땅 독도
02 생활 속 24절기
03 세계를 담은 한글
04 정정당당 선거
05 우리의 유네스코 세계 유산
06 좋아? 나빠? 인터넷과 스마트폰
07 함께라서 좋아! 우리는 가족
08 한민족, 두 나라 여기는 한반도
09 너도 나도 똑같이 생명 존중
10 돈 나와라 뚝딱! 경제 이야기
11 시끌시끌 지구촌 민족 이야기
12 앗! 조심해! 나를 지키는 안전 교과서
13 바람 잘 날 없는 지구촌 국제 분쟁
14 믿음과 분쟁의 역사 세계의 종교
15 인공 지능으로 알아보는 미래 유망 직업
16 지역 이기주의 님비 현상
17 더불어 사는 다문화 사회
18 함께 사는 세상 소중한 인권
19 세계를 사로잡은 문화 콘텐츠 한류
20 변치 않는 친구 반려동물
21 왕따는 안 돼! 우리는 소중한 친구
22 여자? 남자? 같은 것과 다른 것! 성과 양성평등
23 모두가 행복한 착한 초콜릿, 아름다운 공정 무역
24 우리는 이웃사촌! 함께 사는 사회
25 틀린 게 아니라 다른 거라고? 글로벌 에티켓
26 신통방통 지혜가 담긴 우리의 세시 풍속과 전통 놀이
27 출발, 시간 여행! 유네스코 세계 문화유산
28 아이는 줄고! 노인은 늘고! 달라지는 인구
29 우리는 하나! 세계로! 미래로! 통일 한국
30 레벨업? 셧다운? 슬기로운 게임 생활, 벗어나요 게임 중독
31 살아 있어 행복해! 곁에 있어 고마워! 소중한 생명
32 나도 크리에이터! 시끌벅적 1인 미디어 세상
33 뚜아뚜아별의 법을 부활시켜라! 생활 속 법 이야기
34 하늘 · 땅 · 바다 어디서나 조심조심! 어린이를 위한 교통안전
35 함께 만들어요! 함께 누려요! 모두의 사회 복지
36 위아더월드, 도움의 손길이 필요해요, 세계 빈곤 아동
37 환경 덕후 오총사가 간다, 지켜라! 지구 환경
38 전쟁 NO! 평화 YES! 세계를 이끄는 힘, 국제기구
39 더 멀리, 더 빠르게! 미래 교통과 통신
40 알아서 척척, 똑똑한 미래 도시, 꿈의 스마트 시티

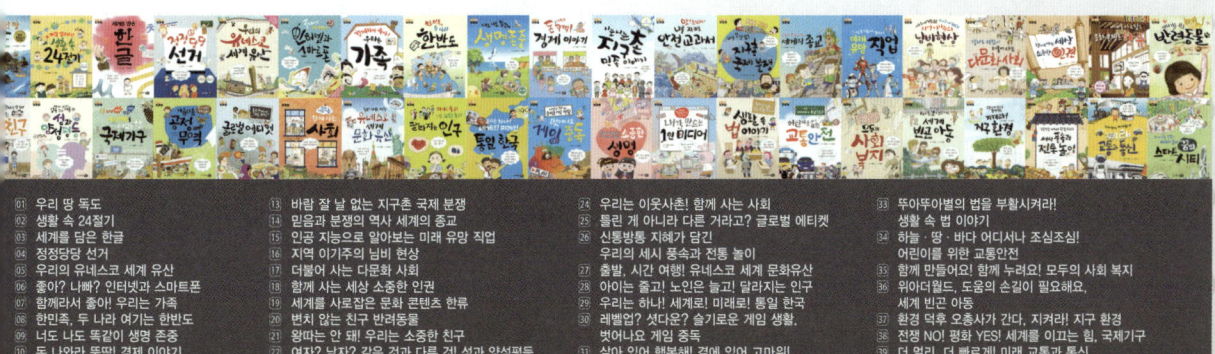

경기도 사서협의회 추천도서 | 한국교육문화원 추천도서 | 아침독서 추천도서

**100만 부 판매 돌파!**

## 수학이 쉬워지고, 명작보다 재미있는
# 뭉치수학왕

## "인공지능(AI) 시대의 힘은 수학에서 나온다!"

### 개념 수학

**〈수와 연산〉**
1 양치기 소년은 연산을 못한대
2 견우와 직녀가 분수 때문에 싸웠대
3 가우스, 동화 나라의 사라진 0을 찾아라
4 가우스는 소수 대결로 마녀들을 물리쳤대
5 앨런, 분수와 소수로 악당 히둘러를 쫓아내라
6 약수와 배수로 유령 선장을 이긴 15소년

**〈도형〉**
7 헨젤과 그레텔은 도형이 너무 어려워
8 오일러와 피노키오는 도형 총 대회 1등을 했어
9 오일러, 오즈의 입체도형 마법사를 찾아라
10 유클리드, 플라톤의 진리를 찾아 도형 왕국을 구하라
11 입체도형으로 수학왕이 된 앨리스

**〈측정〉**
12 쉿! 신데렐라는 시계를 못 본대

13 알쏭달쏭 알라딘은 단위가 헷갈려
14 아르키는 어림하기로 걸리버 아저씨를 구했어
15 원주율로 떠나는 오디세우스의 수학 모험

**〈규칙성〉**
16 떡장수 할머니와 호랑이는 구구단을 몰라
17 페르마, 수리수리 규칙을 찾아라
18 피보나치, 수를 배열해 비밀의 방을 탈출하라
19 비례배분으로 보물섬을 발견한 해적 실버

**〈자료와 가능성〉**
20 아기 염소는 경우의 수로 늑대를 이겼어
21 파스칼은 통계 정리로 나쁜 왕을 혼내 줬어
22 로미오와 줄리엣이 첫눈에 반할 확률은?

**〈문장형〉**
23 개념 수학-백점 맞는 수학 문장제①
24 개념 수학-백점 맞는 수학 문장제②
25 개념 수학-백점 맞는 수학 문장제③

### 융합 수학
26 쌍둥이 건물 속 대칭축을 찾아라(건축)
27 열차와 배에서 배수와 약수를 찾아라(교통)
28 스포츠 속 황금 각도를 찾아라(스포츠)
29 옷과 음식에도 단위의 비밀이 있다고?(음식과 패션)
30 꽃잎의 개수에 담긴 수열의 비밀(자연)

### 창의 사고 수학
31 퍼즐탐정 썰렁홈즈①-외계인 스콜피오스의 음모
32 퍼즐탐정 썰렁홈즈②-315일간의 우주여행
33 퍼즐탐정 썰렁홈즈③-뒤죽박죽 백설 공주 구출 작전
34 퍼즐탐정 썰렁홈즈④-'지지리 마란드레' 방학 숙제 대작전
35 퍼즐탐정 썰렁홈즈⑤-수학자 '더하길 모테'와 한판 승부

36 퍼즐탐정 썰렁홈즈⑥-설국언차 기관사 '어러도 달리능기라'
37 퍼즐탐정 썰렁홈즈⑦-해설 및 정답

### 수학 개념 사전
38 수학 개념 사전①-수와 연산
39 수학 개념 사전②-도형
40 수학 개념 사전③-측정·규칙성·자료와 가능성

### 독후 활동지

**본책 40권+독후 활동지 7권**
**정가 580,000원**